CARTELES
DE · LA · GUERRA
· 1 9 3 6 · 1 9 3 9 ·

COLECCIÓN

FUNDACIÓN

PABLO · IGLESIAS

ISBN: 84-9785-045-9
Depósito legal: B-1813-2004

LUNWERG EDITORES
Beethoven, 12 - 08021 BARCELONA - Tel. 93 201 59 33 - Fax 93 201 15 87
Luchana, 27 - 28010 MADRID - Tel. 91 593 00 58 - Fax 91 593 00 70

Impreso en España

Alfonso Guerra · Manuel García · Julio Aróstegui
Gabriel Jackson · Jaime Brihuega · Enric Satué

CARTELES
DE·LA·GUERRA
·1936·1939·
COLECCIÓN
FUNDACIÓN
PABLO·IGLESIAS

CÍRCULO DE BELLAS ARTES

Fundación
Pablo Iglesias

LUNWERG
EDITORES

SUMARIO

CARTELES E IDEAS

Alfonso Guerra

Desde su creación, la Fundación Pablo Iglesias ha ido conformando una colección de carteles de la guerra civil española que hoy sobrepasa los 2.000 ejemplares. Constituye, por tanto, un testimonio extraordinario por su amplitud y variedad del cartelismo republicano, de los mensajes e ideas que a través de los carteles se transmitieron y de las tendencias artísticas que sus autores representaron. Durante muchos años, esta colección ha estado sobre todo a disposición de estudiosos e investigadores, cediéndose material de forma muy puntual para su inclusión como documento en publicaciones o exposiciones.

La Fundación Pablo Iglesias considera que ha llegado el momento de dar a conocer al público una muestra representativa de su colección de carteles de la guerra civil. Para ello, contando con el criterio de Manuel García, comisario de la exposición, y la colaboración del Círculo de Bellas Artes, ha realizado una generosa selección que constituye una singular y valiosa muestra de la gran variedad de temas, autores, instituciones y organizaciones editoras que componen la colección.

Creemos que el resultado es una excelente muestra de la diversidad artística de la cartelería republicana. El cartelismo tuvo una época de especial florecimiento en los años treinta en Europa y no menos en España, donde se desarrolló un arte del cartel de tendencias estéticas diversas y de gran calidad. Ya con la proclamación de la Segunda República un auténtico ejército de pintores, dibujantes, diseñadores y grafistas apostó por un cartelismo de vanguardia que adquirió un valor excepcional. La guerra dio un importante impulso a la creación de los autores gráficos y no sólo por la necesidad de reforzar la labor de propaganda política, sino también como medio para la difusión de ideas y preceptos.

Los artistas siguieron la senda de la cartelística de la Primera Guerra Mundial, acrecentando la efectividad de los mensajes y recurriendo a la imaginación para ampliar los motivos tradicionales: alistamiento, cautela ante el espionaje enemigo, símbolos políticos, pero también llamadas a la educación, a la higiene, advertencia ante los abusos que proliferan en las situaciones de guerra.

El cartel del bando republicano responde a un auténtico arte de vanguardia. Es para muchos un caso excepcional de fusión entre vanguardia política y vanguardia artística. La historia nos muestra que, en general, el poder político descansa sobre un arte consolidado, tradicional y que los movimientos vanguardistas se abren paso a contrasentido del poder. En la guerra española el poder, al encomendar tan plenamente la propaganda a los mejores cartelistas de la época, se puso en manos de un movimiento de vanguardia rupturista. La explicación de esta «excepción» histórica puede encontrarse en que la defensa de la legalidad del poder constituido enlazaba con la batalla por detener el movimiento fascista que se avistaba ya en Europa. Así, los creadores pudieron trabajar con entera libertad al servicio de la causa republicana, produciendo una extraordinaria obra artística de la que hoy presentamos una selección ponderada y equilibrada.

El final de la guerra cortó de raíz el ascenso de un arte gráfico que sin duda hubiese situado a los artistas españoles en la cima de la creación gráfica en Europa. El que no se pudiera continuar aquella trayectoria artística proporciona una extraordinaria importancia a los testimonios de la época. La exposición que presentamos es una muestra de la fuerza, la sensibilidad, los sentimientos y la capacidad intelectual de los pintores y cartelistas del momento.

J. Huertas
Madrid, 1938

Los socialistas no mueren: los socialistas se siembran
PSOE. Agrupación Socialista de Alcalá de Henares

CARTELES PARA UNA GUERRA

Manuel García

La guerra civil española fue, sin lugar a dudas, uno de los acontecimientos políticos más relevantes de la historia del siglo XX. Al cabo de los años, sigue siendo un hecho inolvidable, que afectó a todos los españoles del primer tercio del siglo pasado, cuya memoria se transmite aún por la vía oral de abuelos, padres a hijos. Siendo una de las páginas más estudiadas de la historia española, algunas de sus consecuencias políticas, culturales y humanas continúan vigentes más de medio siglo después y son tema de estudio de investigadores de todo el mundo. Hoy, estamos asistiendo todavía al desvelamiento de algunos dramas de la guerra, las consecuencias del exilio y las graves incógnitas de la posguerra.

Desde ese punto de vista, hablar de las artes plásticas, las ideas estéticas y los carteles de ese período puede parecer un tema menor, sobre todo en un momento histórico como el que vivimos, en el que las guerras han vuelto a florecer en la mayor parte de la geografía mundial.

Ahora, sin embargo, las guerras se transmiten de manera distinta al siglo pasado en el que la radio, la prensa ilustrada y el cartel pegado a la pared desempeñaban un papel tan importante en la comunicación humana.

Antaño, hablar de un conflicto bélico era hablar del reportaje periodístico, del servicio informativo de la radio y del impacto del último cartel. Ogaño, al hablar de la guerra nos referimos al último informativo de la televisión.

La televisión, sin lugar a dudas, con sus reporteros en el frente, ha ganado la batalla visual al secular grito pegado en la pared como se denominaba, entonces, al cartel de guerra.

Ahora, pues, al comentar el legado de carteles de la guerra civil española (1936-1939) que conserva la Fundación Pablo Iglesias en su sede de la Universidad de Alcalá de Henares, y que se exhibe por vez primera en España a través de una selección, hemos creído oportuno sumarnos a los textos del catálogo con estas notas.

Una guerra, un legado y unos carteles

El primer comentario que procede hacer es que no es una colección en el sentido literal de la palabra.

Tiene su origen en la Agrupación Socialista Madrileña, luego deviene botín de guerra documental —carteles, documentos, fotografías, folletos, libros, etc.— que el gobierno franquista deposita, en 1939, en el Servicio Histórico Militar ubicado en Madrid y en 1987 la Fundación Pablo Iglesias lo recupera tras requerimiento al Ministerio de Defensa del gobierno español. Desde el 8 de febrero de 2002 este legado se haya depositado en el archivo de la Fundación Pablo Iglesias sito en Alcalá de Henares.

Habría que recordar que las colecciones de carteles de ese período que se conservan en España corresponden a coleccionistas privados, legados de partidos políticos, organizaciones sindicales, instituciones universitarias y a diversos organismos del Estado español.

Si nos atenemos a la definición que María Moliner da de una colección como el «conjunto de cosas de la misma clase reunidas por alguien por gusto o curiosidad o en un museo», estaremos de acuerdo en que la mayor parte de los fondos documentales de la guerra civil española, salvo alguna excepción, no han surgido de esta manera. Algunos de los investigadores que trabajamos en el tema de la contienda recordamos cómo en los últimos años del franquismo esos fondos de la guerra eran poco menos que inaccesibles a los estudiosos del período o, simplemente, estaban en manos de historiadores poco escrupulosos que capitalizaban para sus propios intereses profesionales e ideológicos los millares de carteles, fotografías, documentos que se acumulaban, por ejemplo, en la extinta Editora Nacional.

El hecho de que desde la inauguración de la exposición «España. Vanguardia Artística y Realidad Social: 1936-1976» organizada por la Bienal de Venecia en 1976, se haya normalizado el acceso a colecciones privadas, universitarias y públicas de este tipo de documentación, habla a favor del desarrollo democrático del mundo de los archivos, bibliotecas y hemerotecas, respecto a los legados históricos españoles del siglo XX[1].

Desde esta perspectiva habría que referirse, entre otras, a las colecciones de carteles del Archivo de la Guerra Civil Española de Salamanca; el Archivo General de la Administración Civil del Estado de Alcalá de Henares; la Biblioteca Nacional de Madrid; la Universidad de Valencia; la Fundació Josep Renau de Valencia; el Centre d'Estudis d'Història Contemporània de Barcelona; Archivos Regionales de Albacete, etc., así como los Archivos Estatales Rusos de Historia Social y Política de Moscú; el Archive of Modern Conflict de Londres; el Instituto Internacional de Historia Social de Ámsterdam, entre otros, y cabe citar las aportaciones particulares al tema, entre otras, de José-Mario Armero; Josep-Maria Figueras y Jordi y Arnau Carulla[2]. En ese contexto el legado de la Fundación Pablo Iglesias, con más de 1.000 carteles de la guerra civil, supone un fondo de imprescindible consulta para cualquier estudioso del período.

Al iniciar la investigación de los fondos de la Fundación Pablo Iglesias, me sorprendió la diversidad de dicho legado, donde aparecían diversas organizaciones políticas, sindicales, sociales y diversos autores de esa época. Un acervo, claro está, procedente de la agitación y propaganda del sector republicano, es decir, de aquellos que defendieron con las armas y las letras la legalidad constitucional democrática española del primer tercio del siglo XX.

La selección, de unos trescientos carteles, para esta exposición itinerante cuyo recorrido se inicia en el Círculo de Bellas Artes de Madrid, se ha hecho con toda libertad de criterio, atendiendo tanto a las organizaciones que editaban los carteles, como a los autores que los hacían. El hecho de que primen unos autores sobre otros o que falten algunos carteles se debe en el primer caso a una opción del comisario de esta muestra y en el segundo simplemente a la ausencia de algunos ejemplares ya que, insisto, el material procede de una colección que no está hecha con los criterios al uso del coleccionismo de arte del siglo XX.

Partidos, sindicatos y gobierno

Los criterios para presentar el legado de carteles de la guerra civil española son siempre dispares y suele ser norma de los estudiosos del tema incluir el mayor número posible de partidos, sindicatos u organismos sociales. Desde ese punto de vista, en esta exposición hay carteles del gobierno de la República española, de la Junta Delegada de Defensa, del Ministerio de Instrucción Pública y Bellas Artes, de la Subsecretaría de Propaganda, etc.; de partidos políticos como el Partido Socialista Obrero Español, el Partido Comunista de España, Izquierda Republicana, el Partido Sindicalista o la Federación Anarquista Ibérica; de organizaciones sindicales como la Unión General de Trabajadores o la Confederación Nacional de Trabajadores; organismos internacionales como el Socorro Rojo Internacional, las Brigadas Internacionales o Amigos de la Unión Soviética, así como organizaciones creadas durante la contienda como el *Altavoz del frente*, Socorro Rojo de España, Cultura Popular, Quinto Regimiento y Ejército del Centro.

La ausencia de algunos autores, carteles u organizaciones, es debida a que no aparecen en el legado, excedían las posibilidades de exhibición o sencillamente no reunían las exigencias plásticas de un proyecto que, en este caso, también ha tenido en cuenta las aportaciones estéticas al diseño gráfico español del siglo XX.

Acercarse a un trabajo realizado por los artistas durante un período bélico desde una perspectiva individual, de grupo o sindical, primando, en algunos casos, como en la obras de José Bardasano, los aspectos estéticos sobre los aspectos ideológicos, fue sin lugar a dudas una tarea nada fácil, a la hora de evocar, por una parte el discurso de una guerra y por otra el discurso artístico de unos autores[3]. Aunque buena parte de la cartelística de guerra es anónima, en esta colección encontramos nombres de artistas conocidos (José Bagaría, José Bardasano, Antoni Clavé, Helios Gómez, Joan Miró...); diseñadores e ilustradores notables (Arturo Ballester, Vicente Ballester Marco, José Espert, Manuel Monleón, Cristino Mallo, Gori Muñoz, Miguel Prieto, Puyol, Josep Renau, Tono, Yes...) y grafistas extranjeros prestigiosos (Mauricio Amster).

Hay también muchos carteles anónimos producto de las urgencias de la guerra o, simplemente, del espíritu colectivo del período o realizados en las imprentas. En ese sentido, los carteles tipográficos que hemos seleccionado representan tanto campañas políticas como modos de hacer de los tipógrafos españoles que tan significativo papel desempeñaron desde el siglo XIX –por poner una fecha– en el desarrollo del cartel comercial, cinematográfico, publicitario, deportivo, festivo y taurino, entre otros géneros, del cartel español. Habrá que recordar aquí que Pablo Iglesias,

BABIANO
Madrid, 1937

Las escuelas de guerra abren paso a la juventud combatiente para puestos más decisivos
JSU. COMISIÓN DE EDUCACCIÓN DEL SOLDADO

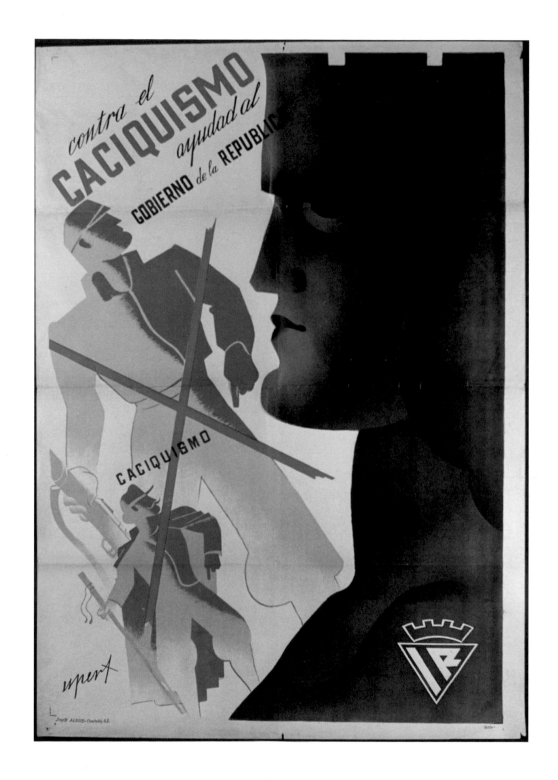

ESPERT
Madrid, 1936

Contra el caciquismo ayudad al gobierno de la República
IR

fundador del Partido Socialista Obrero Español, era de profesión maestro tipógrafo. En líneas generales puede afirmarse que en este legado están los principales artistas del cartel de guerra activos en las capitales de la República española: Madrid, Barcelona y Valencia. También están presentes algunos artistas que junto a su nombre rubricaban los carteles con el del organismo gremial o sindical a que pertenecían, destacando el Sindicato de Profesionales de las Bellas Artes. El responsable del mencionado sindicato afirmaba en unas declaraciones hechas a inicios de la guerra: «El Sindicato de Profesionales de las Bellas Artes se ofreció desde el primer momento a la Delegación de Propaganda y Prensa de la Junta de Defensa de Madrid y desde entonces trabaja de acuerdo con ella. La Delegación nos da los temas para los carteles y otras veces los temas propuestos lo son por sugerencia nuestra». Más adelante, el presidente de dicho organismo sindical, al referirse al sistema de trabajo en esos talleres, añade: «Cuando se propone un tema nuestros dibujantes presentan bocetos y aquellos que son aprobados o elegidos, son los que se llevan definitivamente al cartel». Respecto a las condiciones de trabajo dice: «Los dibujantes que trabajan aquí perciben un sueldo de guerra y, además, por cada boceto elegido ganan un premio que servirá para estimular su labor a no ser que ésta no necesite de estímulos. De estos premios el sindicato descuenta un tanto por ciento, con el que pagamos el sostenimiento del taller». Finalmente apunta la posibilidad de colaboración con otros sectores de la cultura: «Queremos que vengan a colaborar con nosotros los literatos y los arquitectos. Tanto unos como otros tienen a nuestro lado mucho que hacer, ya que nuestros proyectos tienen cierta amplitud y si, como creemos, seguimos recibiendo la ayuda necesaria, estos proyectos pasarán bien pronto a ser realidad»[4].

El representante de esta organización sindical, padre por cierto de la dirigente comunista Aida Lafuente, se refería en sus declaraciones a la puesta en marcha de proyectos de propaganda para repartir en las filas enemigas: edición de folletos, impresión de hojas murales; decoración de vehículos; publicación de monografías, etc.

Otro testimonio significativo de la labor de los artistas en las campañas de agitación y propaganda es el del pintor y dibujante Ramón Puyol, responsable de la sección artística del *Altavoz del frente*, en cuyo taller trabajaban, entre otros, los artistas: Piti Bartolozzi, Cheché, Gastelu, Victorio Macho, Martín Mansilla, Moya-

no, Francisco Mateos, Pedraza Ostos, Pelegrín, Manuel Prieto y Tomás Sánchez.

«Todos juntos –declaraba– desarrollamos una labor de propaganda en forma gráfica o plástica, que va desde las insignias de esmalte al monumento público. Estampas, carteles, folletos, que se multiplican en las tribunas de las plazas más populosas, en todas las esquinas de Madrid, o como las que estamos organizando para Barcelona, Valencia, Alicante, donde queremos expresar con algunas imágenes que reproduzcan aspectos diversos convincentes de la lucha en Madrid y de la significación de esta lucha para España…»[5]

La creación, durante la guerra civil española, de un Ministerio de Propaganda, a cuyo frente estuvo Carlos Esplá, propició sin lugar a dudas una importante labor a la que no fueron ajenos los cartelistas de la época. En unas declaraciones el periodista Federico Miñana, técnico de dicho ministerio, decía: «Cuando el Ministerio se creó, el hueco de la propaganda lo llenaban las actividades, geniales, plausibles y entusiastas, desde luego, de los sindicatos y partidos políticos. El ritmo acelerado de la guerra daba a esta propaganda un tono de vibración tan estridente que logró dominar a nuestro público. Cada sindicato y cada partido tiene sus entusiasmos propios y sus pasiones peculiares, de una licitud indiscutible, pero que, en función de propaganda, no pueden ser la norma de un Ministerio que representa, además del Estado que lo rige, todo el conglomerado de sectores políticos que integran el Frente Popular. Nuestra propaganda pues, la del Ministerio, tuvo que ser concebida con la elevación que le exigía su significado estatal y con la escrupulosa dosificación que reflejara, sin preferencias por nadie, el espíritu de lucha que es común a todos los sectores. [...] Nuestra propaganda, repito, fue la del Frente Popular como base política o de acción»[6].

Es, pues, en el contexto de la acción de un gobierno y la iniciativa de unos partidos políticos, sindicatos, organizaciones más diversas del sector republicano como hay que leer la propaganda realizada a lo largo de tres años de lucha, con miles de carteles fijados en los muros de las principales ciudades del Estado español.

La mayor parte de los carteles firmados con las siglas del Partido Socialista Obrero Español fueron realizados por Augusto, Fernández, J. Huertas y Oliver. La selección realizada aquí opta por carteles basados en el dibujo y la tipografía. Destaca el *Homenaje a la aviación* de Oliver, en el que se conjugan elementos simbólicos como las imágenes de los aviones, los colores de la bandera española y la imagen de la mujer republicana.

La serie de carteles tipográficos corresponde al cincuentenario de la creación de la organización socialista en Albacete. Son carteles de pequeño formato, horizontales, resueltos con una sobria tipografía y sirven de reclamo para una celebración partidaria.

La mayor parte de los carteles del sindicalismo socialista son anónimos o bien realizados por artistas como Cantos, Isacara o Monleón.

El cartel creado por Manuel Monleón compagina los logotipos de los socialistas y los comunistas, resaltando la figura de Pablo Iglesias inmersa en una estrella roja de cinco puntas.

Esta sección se completa con una serie de carteles tipográficos dedicada al cincuentenario de la Unión General de Trabajadores en la Casa del Pueblo de Albacete.

La serie de carteles específicos de la Federación de Trabajadores de la Enseñanza estuvo realizada por artistas como Abril, Mauricio Amster, José Bardasano, Francisco Briones, Conejo, Fried-Field, Cristino Mallo, Melendreras o Pedrero.

De las obras seleccionadas vale la pena reseñar los carteles dedicados al Ministerio de Instrucción Pública, 1937, de Cristino Mallo, basados en unas plantas de edificios donde se compagina la tipografía con el dibujo geométrico con gran eficacia visual.

Carteles representativos del Frente Popular son los realizados por artistas como Bagaría, Garran y Yes.

Los de Bagaría, prestigioso ilustrador de la época, se basan en unos dibujos humorísticos alusivos al capitalismo, el fascismo y la monarquía como enemigos del Frente Popular y en los que insta a votar a favor de las libertades republicanas y las izquierdas.

En la serie de carteles tipográficos editados por el Partido Comunista de España se recogen fragmentos de un discurso del presidente de la República española.

A estos carteles se suma la serie del pintor y cartelista José Bardasano alusiva al tema de la guerra. Son obras de carácter expresionista con un dibujo contundente y unos trazos pictóricos.

Entre los artistas que trabajaron para el Partido Comunista de España se encontraban Cabana, Cantos, Melendreras, Oliver, Parrilla y Josep Renau, que por aquel entonces compaginaba su labor como director general de Bellas Artes con la de grafista militante.

Destaca, sin lugar a dudas, el cartel de Josep Renau *Partido Comunista. Industria de guerra. Potente palanca de la victoria*, una imagen de importante impacto colectivo, en los inicios del conflicto, cuando se estaba organizando el Ejército Popular republicano. El cartel, además, resulta novedoso por la aplicación de la técnica del fotomontaje, un recurso habitual de dadaístas y constructivistas que seguía en cierto modo las técnicas habituales del maestro John Heartfield.

Los carteles del gobierno republicano incluyen declaraciones de Juan Negrín, presidente de la República española sobre las condiciones para ganar la guerra.

La serie dedicada al Primero de Mayo de 1937 sintetiza las grandes consignas del gobierno del Frente Popular tras un año de guerra. Se inicia con obras de Bardasano y finaliza con un cartel de Renau.

Al cartel habitual basado en el dibujo, la tipografía o la fotografía, sumamos algunos ejemplares de obras dedicadas a convocar mítines cuyos recursos expresivos están basados fundamentalmente en los tipos de imprenta. Son los pasquines nacidos en la misma imprenta, en la urgencia del conflicto, con la sabiduría propia de los artesanos de ese secular oficio español.

Para la Juventudes Socialistas Unificadas los artistas Babiano, Bardasano, Nicómedes Gómez, Juana Francisca, Manuel Rojas, etc., hicieron numerosos carteles en ese período. Esta organización política, nacida de la unidad de las juventudes comunistas y socialistas, llevó a cabo importantes campañas en defensa de la legalidad republicana y de la incorporación de los jóvenes a los frentes de guerra. En los carteles destacaba, siempre, el logotipo de la organización, basado en una estrella de cinco puntas dentro de un círculo, con las siglas de dicho partido.

Entre las campañas de las Juventudes Socialistas Unificadas merece ser comentada la serie de carteles realizada por José Bardasano titulada *Las 10 reivindicaciones de la juventud*, resuelta gráficamente al conjugar números de gran formato con las consignas del congreso, apoyadas en una serie de dibujos alusivos a las grandes reivindicaciones planteadas por los jóvenes en ese momento.

Para el partido político de la Izquierda Republicana trabajarían artistas como Ramiro Cristóbal, José Espert o Melendreras. Los carteles de esa organización se distinguieron por la alusión continua tanto a los colores del gobierno como a la efigie femenina de la República española que compaginaban siempre con el logotipo de la organización.

GARAY
Madrid, 1937

1936: Milicias Populares: 1937: Ejército Popular
5º REGIMIENTO

El movimiento anarquista español contó, sin lugar a dudas, con algunos de los mejores diseñadores gráficos del período, como Arturo Ballester, Vicente Ballester y Muro.

En esta selección hay que hacer mención al cartel *Nuestras costas serán defendidas por nuestros bravos marinos*, un excelente ejemplo de diseño gráfico al servicio de la causa republicana en el que se compaginan hábilmente el dibujo, la tipografía y el uso de la pistola de compresión que se empleaba entonces para colorear las obras. Es un cartel emblemático del período por la fuerza expresi-

va del mensaje, el ritmo de la composición tipográfica y los colores vibrantes de la obra.

Las formaciones militares del Ejército Popular de la República española tuvieron sus campañas de agitación y propaganda encaminadas no sólo a la defensa de la legalidad democrática sino a la incorporación a filas de la sociedad civil.

Aunque muchos de los carteles seleccionados son anónimos, sobresalen los de Garay realizados para el Quinto Regimiento, organización militar puesta en marcha al inicio de la guerra por el Partido Comunista de España y que llegó a tener en sus filas a escritores y artistas. Entre todos esos carteles, destaca el firmado con las siglas E.M.M. y titulado *El Quinto Regimiento se incorpora al Ejército Popular*. La obra se basa en un dibujo continuo de línea clara que evoca, en un primer plano, el rostro de un soldado y lleva sobreimpreso el perfil de un miliciano armado saludando.

La formación política del Partido Sindicalista contó con uno de los más destacados diseñadores gráficos de los años treinta, el artista valenciano Manuel Monleón, que se había iniciado como grafista en la revista *Estudios*, en la que compartiría con Josep Renau las tareas de portadista, fotomontador e ilustrador de esa empresa editorial anarquista. Monleón incide en uno de los carteles en las implicaciones fascistas de los sublevados al dibujar unas cruces esvásticas como opresoras del pueblo español.

Uno de los aspectos militares más peculiares de la guerra civil española fue, seguramente, la labor de arquitectos e ingenieros en la fortificación de los frentes de guerra. En los conflictos del primer tercio del siglo XX, la lucha se desarrollaba, palmo a palmo, a través de los bombardeos aéreos y los enfrentamientos de la infantería y los carros de combate. En ese terreno, las fortificaciones desempeñaron un papel importante y se promovió alguna campaña sobre el tema. Aquí incluimos una serie de bocetos originales de carteles anónimos peculiares por sus características de dibujo, cromáticas y tipográficas, y un cierto aire ingenuo aplicado a las figuras representativas de los constructores de fortificaciones.

Uno de los organismos creados por el gobierno republicano durante el conflicto fue el Comisariado General de Guerra, que tuvo asimismo su producción de carteles orientados a los problemas propios del sector. Para este Comisariado trabajaron artistas como G. Alonso, Boni, José Briones, Cantos, José Espert, Melendreras, Parrilla y Zarde, entre otros. Desde la perspectiva belicista propia de un organismo como el citado, el dibujante Cantos elabora en el cartel *Julio 1936. Julio 1938* una propuesta bastante re-

G. ALONSO
Madrid, 1937

Mujeres: la patria necesita vuestra ayuda
1ER CUERPO EJÉRCITO

novadora para la estética de la época. Basándose en un dibujo que representa un militar y una bandera, introduce una fotografía que compagina con una tipografía alusiva a la fecha del conflicto. Una obra en la que la síntesis del dibujo y el color se conjugan equilibradamente para la función que busca el organismo militar.

El periódico, la radio y el cartel fueron los instrumentos que los bandos en conflicto utilizaron a lo largo de los tres años de lucha. En la guerra civil española, por poner un ejemplo, se produjo el hecho insólito que una misma cabecera, la del diario conservador *ABC*, tuviera dos ediciones ideológicamente distintas. Una edición salía en Madrid, en defensa de la República española, y la otra edición salía en Sevilla, en defensa de los militares sublevados.

La prensa de guerra republicana tuvo asimismo sus carteles para defender el periodismo de los partidos, sindicatos y agrupaciones sociales. Los carteles de prensa que incluimos están diseñados por Bardasano, Carnicero o Monleón. De todos ellos llama la atención *El sindicalista*, realizado por Carnicero, pues se trata de la misma página del periódico que funciona como reclamo del diario.

Dentro de las propuestas de cultura promovidas por el Ministerio de Instrucción Pública y Bellas Artes, dirigido, al inicio de la guerra por Jesús Hernández, militante del Partido Comunista de España, se editan una serie de carteles que corresponden a campañas de libros, actividades de los frentes de guerra y la retaguardia de las ciudades. Estos carteles son unas veces anónimos y otras realizados por Clavo, Cantos, Melendreras o Wila. Particularmente interesante es el cartel anónimo sobre *Bibliotecas. Cultura Popular*, 1937, compendio de imágenes y tipografía, orientado a una población infantil que en aquel momento había que proteger de los bombardeos, ubicar en colonias escolares o enviar al extranjero para salvarla de los peligros de la guerra.

Las campañas de sanidad emprendidas por el gobierno republicano eran tan importantes en la vanguardia como en la retaguardia. Tanto la profilaxis sexual como la higiene mental hacen posible, en sus respectivas campañas, carteles excepcionales como el del dibujante Rivero Gil titulado *Atención. Las enfermedades venéreas amenazan tu salud*, 1937 y el del dibujante Tono titulado *Pro higiene mental*, 1936. Ambos son propuestas basadas en el dibujo y el diseño más logrado en la idea del cartel, las propuestas formales y el impacto de la imagen.

La guerra civil española no sólo dividió a los españoles sino que definió posiciones internacionales respecto al futuro político de este país. El gobierno nazi de Alemania y el gobierno fascista de Italia apoyaron la rebelión de Franco, y el gobierno de la Unión Soviética y de la República de México apoyaron a la República española. De este modo en el lado republicano se constituyeron organismos como Amigos de la Unión Soviética y Amigos de México. Para Amigos de la Unión Soviética hicieron carteles Briones, Espert, Bardasano, Cantos, Ontañón y Renau, entre otros.

Francisco Ontañón, artista y escenógrafo, realizó el cartel de *La tragedia optimista*, 1937, del escritor ruso Vsevolod Vichnewski, en el que aparece un marinero tocando el acordeón, en medio de una profusa rotulación de tipos en rojo y morado de gran impacto cromático.

Josep Renau, por su parte, diseña un cartel más belicista, dedicado a la figura del combatiente soviético, con el fusil en la mano, apoyado en una gigantesca estrella de cinco puntas con hoz y martillo que se proyecta sobre una nave industrial. La idea de la Unión de Repúblicas Socialistas Soviéticas como aliado militar viene explícitamente expresada en la obra de Renau.

La lucha fratricida de esos años no impidió, por otra parte, que en la retaguardia y más concretamente en las ciudades que fueron sede del gobierno republicano –Madrid, Barcelona y Valencia– se intentara mantener una vida normalizada con actividades de entretenimiento cinematográfico, musical, teatral, y demás. La guerra genera un cine de guerra y promueve un cine militante que se difunde por todo el país. En ocasiones los carteles de cine son carteles de grandes dimensiones, impresos en dos mitades, de acuerdo a la tradición del cartel litográfico de toros. En esta sección hay carteles de Mauricio Amster, Pedraza Blanco o Josep Renau.

De nuevo Amster, excelente ilustrador, que por entonces era director artístico del Ministerio de Instrucción Pública y Bellas Artes, nos sorprende con un cartel de cine pleno de sencillez, resuelto con el dibujo de un tanque, una tipografía manual y un color de fondo.

Las mujeres fueron tema de diversos carteles editados en ese período. Madre, viuda, miliciana, obrera, campesina, la mujer aparece como lo que fue: una protagonista de la defensa de las libertades en el lado republicano. En esta sección hay carteles de Alonso, Bardasano, Briones, Cantos, Fergui, Girón y otros.

En el cartel *¡Mujer antifascista!* de Girón aparece un grupo de mujeres faenando en el campo en medio de un paisaje que recuerda un cuadro costumbrista del pintor vasco Aurelio Arteta. Idéntico tratamiento tiene el cartel *Mujeres. Trabajad por los compañeros* *que luchan*, 1937, realizado por Juan Antonio (¿Morales?). La estética de estos carteles nos remite a cierta pintura del primer tercio del siglo XX realizada por artistas como Salvador Dalí, José Moreno Villa o Alberto Sánchez, cuyas influencias se reflejarían en cartelistas como José Briones, Antoni Clavé, Gori Muñoz y otros.

Uno de los organismos que la Unión de Repúblicas Socialistas Soviéticas introduce en España es Socorro Rojo, plataforma de solidaridad internacional manejada por militantes comunistas al servicio de los intereses políticos de Stalin. La labor propagandística del Socorro Rojo Internacional y del Socorro Rojo de España creado entre las filas comunistas españolas incide, fundamentalmente, en campañas a favor de los familiares de los presos, de las víctimas de la guerra o de las viudas. Trabajaron para estas organizaciones –que contaron con la presencia en España de la fotógrafa y revolucionaria italiana Tina Modotti– artistas como Cheché, Espert, Magán y Puyol. Ramón Puyol realizó una serie dedicada a los enemigos de la causa republicana bajo los lemas de: *El izquierdista, El bulista, El acaparador, El rumor, El espía, El pesimista*, que tuvieron un gran impacto entre la población de la retaguardia. A partir de un dibujo muy expresionista, Puyol iba desglosando el perfil negativo de los enemigos de la democracia con la idea de prevenir a la ciudadanía de los «quinta columnistas», nombre con el que se denominaban a los partidarios de la sublevación militar que vivían en el sector republicano.

Tiene asimismo bastante interés el cartel *Congreso de la solidaridad*, 1936, realizado por el pintor valenciano José Espert para el Socorro Rojo de España. Se trata de un pasquín horizontal, basado en el perfil de una mujer, que recorre, de parte a parte, la silueta urbana de una ciudad.

En el apartado de carteles basados en la técnica del fotomontaje habría que citar la obra *Siete noviembre. Madrid*, 1937 de autor anónimo, cartel hecho para la Campaña de Invierno del Socorro Rojo Internacional. De innegables logros visuales consigue compaginar, en un mismo espacio, fotos de edificios emblemáticos del Madrid de antes de la guerra, con instantáneas de edificios bombardeados en el Madrid de la guerra.

Bajo el lema de la solidaridad se editan una serie de carteles tipográficos apoyados en algunos dibujos firmados de gran interés.

Con el título de carteles murales se conocen los pasquines realizados en el frente por los propios milicianos, basados en textos y recortes de fotos, hechos a la manera de *collages* dadaístas pero con una intención periodística que reflejara la realidad en los frentes de guerra.

Entre los diversos ministerios del gobierno de la República española, el Ministerio de Instrucción Pública contó con un excelente aparato de propaganda y un núcleo seleccionado de artistas. Aparte de ocuparse de una tarea internacional de la importancia del Pabellón de España en la Exposición Internacional de las Artes y las Técnicas en la Vida Moderna realizada en París en 1937, editó numerosos carteles realizados por artistas como Mauricio Amster, Enric Cluselles, Garay, Juan Antonio Morales, Oliver y Miguel Prieto.

La serie de carteles de Mauricio Amster dedicada a los niños bajo lemas tan diversos como *Salud y alegría, Jugar en jardines y Alimentación abundante* resuelta con dibujos coloristas y una tipografía moderna e impresos en formatos estrechos y alargados, incide en la preocupación republicana por la educación, salud y entretenimiento de los niños en plena guerra, un sector de la población que sufre los bombardeos, es víctima del hambre, forma parte del éxodo y padece una serie de penalidades apenas paliadas por las colonias veraniegas o el envío al exterior.

De este mismo autor exhibimos *A Levante*, 1937; *¡Peligro!; Alejad a los niños de Madrid*, 1937; *Los niños no deben sufrir los horrores de la guerra*, 1937; *En las colonias escolares del Ministerio de Instrucción Pública…*, 1937; *Las Milicias de la Cultura luchan contra el fascismo…"*, 1937; *El Ministerio de Instrucción Pública…*, 1937 y *¡Milicianos! No desperdiciéis municiones, víveres ni energías*, 1936, una obra donde se refleja tanto el dominio del lenguaje cartelístico como el diálogo armónico que se establece entre la composición tipográfica de la llamada «letra de palo» con el dibujo de «línea clara» del autor.

Ejemplo de eficacia, modernidad e ingenio es sin lugar a dudas el cartel de Francisco Briones titulado *Guerra al analfabetismo*, 1937, realizado para la Federación de Trabajadores de la Enseñanza y resuelto con la imagen de un periódico escolar, *El Magisterio Español*, abierto de par en par y rodeado de diversos tipos de letras en las que se recalcan las del alfabeto.

La delicada situación de la capital española acosada militarmente por los sublevados, el traslado en septiembre de 1936 del gobierno de la República a Valencia y otras circunstancias políticas obligaron a crear una Junta Delegada de Defensa ubicada en Madrid. Para ese organismo militar trabajaron artistas como

JAVIER CLAVO
S.L. 1938

Julio 1936-1938: mejoremos la capacidad técnica de nuestro ejército
ALTAVOZ DEL FRENTE

Briones, Cabana y Contreras, Cañavate, Espert, Girón, Helios, Melendreras, Oliver, Parrilla, Pedrero, y otros.

Las campañas de carteles de la Junta de Defensa de Madrid son, posiblemente, las más impactantes en relación al mensaje dramático de una guerra por el peligro que corrió la capital española en los primeros meses del conflicto, por el efecto devastador de los bombardeos y por lo que significaba, simbólicamente, la pérdida del control de la capital de la República española. En la tarea psicológica, militar y defensiva de la «Villa de Madrid» se esforzaron los artistas autores de esos carteles. Uno de los más logrados fue el de Pedrero sobre *El Generalísimo*, 1937, en el que la figura de Franco está representada por un militar con casco alemán y esvástica en el uniforme del que pende una larga capa que sujetan personajes que representan el ejército, la iglesia y la banca.

Las acusaciones de fascista al general Franco se habían producido, asimismo, en carteles de Juan-Antonio Morales *(Los Nacionales)*, Cañavate *(S. E. El Generalísimo)* y Porta *(Fascismo no!)*, pero es el de Pedrero, a nuestro entender, el que consigue una mayor eficacia del mensaje dentro del cartel de época.

Otro trabajo de innegables logros gráficos, estéticos e ideológicos es el titulado *La garra del invasor italiano pretende esclavizarnos*, 1937, de Oliver, de clara acusación a una de las potencias invasoras del sector republicano. Una mano, en forma de garra, sobre el mapa de España, en tonos ocres sobre fondo azul, trae consigo hileras de soldados. El dibujo, a la manera de un fotomontaje, lleva sobre impresa la imagen del ejército invasor, mientras el lema del cartel, de forma ascendente, denuncia los hechos.

Dentro de los parámetros estéticos del cartel europeo del primer tercio del siglo XX en cuanto a logros gráficos y composición creativa de letras e imágenes, está el cartel *Evacuad Madrid*, 1937, de Cañavate. La letra «E» deviene una capitular de gran formato sobre la que reposa el peso del lema del cartel y los iconos de tres madres con sus hijos protegidas por una capa roja mientras las sobrevuelan los aviones enemigos.

En la técnica del fotomontaje se incluye asimismo el cartel *Evacuad Madrid*, 1937, de autor anónimo que presenta dos niñas asustadas que, bajo el arco de acceso a un túnel, miran aterrorizadas el cielo y la amenaza de los bombardeos enemigos.

Editados asimismo por la Junta de Defensa de Madrid, hay una serie de pósters dedicados a una Exposición Nacional de

MELENDRERAS
Madrid, 1936

Alistaos!: 100.000 voluntarios, la patria os llama
PCE. MADRID

Obras Públicas celebrada en la primavera de 1937 en Valencia. Las obras de Contreras-Cabana y José Briones abordaban la convocatoria de esta Exposición con recursos geométricos propios del tema.

La Subsecretaría de Propaganda, creada tras la guerra civil española por el gobierno republicano, desarrollaría una labor destacada al dar publicidad a las conquistas del Frente Popular en relación a la etapa anterior del gobierno conservador republicano. Aquí se incluyen varios carteles anónimos sobre los campesinos y obreros, la incorporación a las filas del Ejército

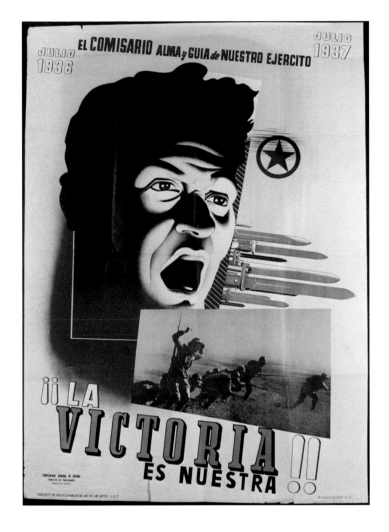

BONI
Madrid, 1937

Julio 1936. El Comisario alma y guía de nuestro ejército: Julio 1937
¡La victoria es nuestra!
COMISARIADO GENERAL DE GUERRA. COMISIÓN DE PROPAGANDA.
INSPECCIÓN CENTRO

Popular o la lucha contra los caciques. Llama la atención el cartel *España lucha por su independencia, por la paz y la solidaridad entre los pueblos*, 1937, del artista valenciano Gori Muñoz, quien recuperando la estética de un paisaje de influencia surrealista evoca a la clase obrera en mono azul, desplegando unos pañuelos blancos al aire, en son de paz, mientras un miliciano armado hace el mismo gesto. El cartel recuerda ciertas propuestas pictóricas de la época rubricadas por Salvador Dalí, José Moreno Villa y Alberto Sánchez.

Cierra este apartado el cartel *¡Asesinos!*, 1937, de autor anónimo en el que se denuncia, abiertamente, con fotos de las primeras víctimas infantiles de los bombardeos de Madrid, el efecto genocida de la guerra aérea. El cartel está basado en un montaje de fotos de prensa en serie con textos sobre fondo rojo y el dibujo en negro de unas bombas. Editado por el Ministerio de Propaganda, difundido por la Aliança d'Intel·lectuals per la Defensa de la Cultura, fue impreso por Gráficas Valencia, razón por la que algunos especialistas se lo atribuyeron a Josep Renau. El cartel formaba parte de una serie de pasquines difundidos en el extranjero que denunciaban los bombardeos nacionales y la actuación de las escuadrillas alemanas e italianas en las principales ciudades españolas leales al gobierno republicano.

Los carteles seleccionados de la Alianza de Intelectuales Antifascistas sobre *Disciplina del fuego*, 1936; *Tiradores*, 1936; *No tiréis a los aviones en tiro individual…*, 1936; *Cuando un blanco está en movimiento…*, 1936 y *Nunca abráis fuego sino sobre objetivos concretos y visibles…*, 1936, de autoría anónima se han escogido por lo extraño que resulta que un organismo de artes y letras editara unos pasquines sobre instrucción militar. Aunque fue famoso el *Batallón del talento* adscrito a la organización del Quinto Regimiento –allí se apuntaron, entre otros, el escultor Alberto, el poeta Miguel Hernández y el pintor cubano Wifredo Lam– la actividad de la Alianza de Intelectuales para la Defensa de la Cultura se definió antes por las tareas propias del gremio que por la actividad militar propiamente dicha.

Colofón

Concluye esta selección de 300 carteles de la guerra civil española del legado de la Fundación Pablo Iglesias con varios pasquines de diversas organizaciones como la UDL, la Unión de Hermanos Proletarios y el Estat Català, que amplían el espectro de partidos políticos, organizaciones sindicales y organismos sociales creados durante la contienda.

Los carteles firmados por el Estat Català de Lloveras titulados *No olvidéis que estamos en guerra*, 1937 y *Disciplina, trabajo*, 1937, son algunos de los pocos carteles editados en catalán y en Barcelona que se hallan en este legado histórico de la Fundación Pablo Iglesias.

La ausencia de muchos carteles procedentes de Euskadi a inicios de la guerra y de Cataluña durante la contienda, así como algunos carteles de notables diseñadores gráficos como Arturo Ballester, Carles Fontseré, Solà, y otros, se debe sencillamente a que este legado es una herencia histórica rescatada del botín franquista de posguerra y no una colección particular reunida desde los inicios de la guerra a la que podríamos criticar, entonces, ciertas y notables ausencias.

También hay que añadir que aparte de la representatividad de esta selección hecha por el autor de estas líneas, parece oportuno aclarar que tuvimos en cuenta tanto a las más diversas agrupaciones políticas, sindicales, sociales como los logros artísticos de estos mensajes realizados en ese momento histórico.

Queda aquí glosada, con los límites razonables de una exposición, un espacio y un catálogo, una mirada personal del legado de carteles de guerra de la Fundación Pablo Iglesias.

Alcalá de Henares-Madrid-Valencia, 12 de octubre de 2003

Notas:

1. Varios Autores: *España. Vanguardia artística y realidad social: 1936-1976*, Gustavo Gili, Barcelona, 1977. (Edición a cargo de Valeriano Bozal y Tomás Llorens. Se incluye el texto de Imma Julián: «El cartelismo y la gráfica en la guerra civil», págs.: 5-63.)

2. Varios Autores: *Carteles de la República y de la guerra civil*, Centre d'Estudis d'Història Contemporània, La Gaya Ciencia, Barcelona, 1978. (Textos de Carles Fontseré, Jaime Miratvilles y Josep Termes.) Este libro se hizo a partir de la colección de carteles de Josep-Maria Figueras.

3. Citamos particularmente a José Bardasano porque es uno de los artistas que más carteles hizo durante la guerra civil española, para las más diversas organizaciones del período.

4. Ramón Martorell: «El Sindicato de Profesionales de las Bellas Artes», *Crónica*, Nº: 378, Madrid, 7-2-1937, pág. 7.

5. José Romero Cuesta: «Cómo realizan su labor de agitación los artistas el *Altavoz del frente*», *Crónica*, Nº: 380, Madrid, 21-2-1937, págs. 9.

6. José Quilez Vicente: «La obra realizada por Carlos Esplá al frente del Ministerio de Propaganda», *Crónica*, Nº: 394, Madrid, 30-5-1937, pág. 6-8.

BARDASANO
Madrid, 1938

Combatid!: nos gritan las mujeres de la URSS. Os ayudaremos hasta el triunfo definitivo
MUJERES CONTRA LA GUERRA Y EL FASCISMO. COMITÉ NACIONAL

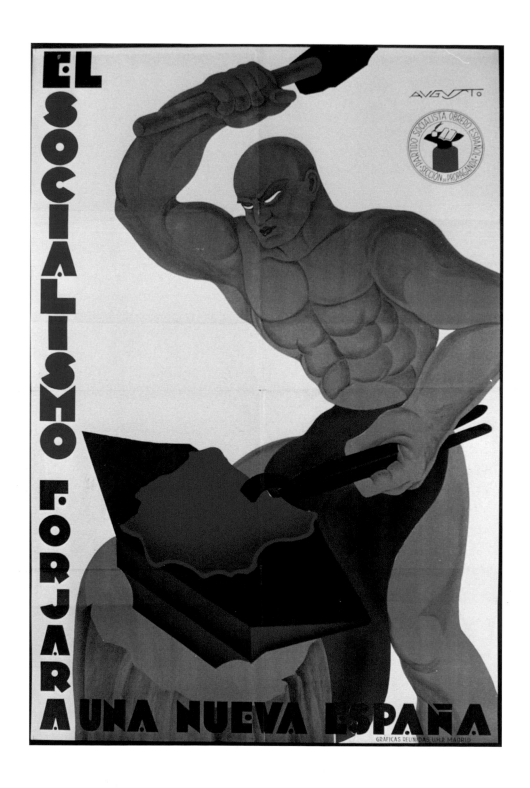

AUGUSTO
Madrid, 1937

El socialismo forjará una nueva España
PSOE. SECCIÓN DE PROPAGANDA

INCAPACIDAD Y LEGITIMIDADES.
EL ORIGEN Y LA VISIÓN ESPAÑOLA DE LA GUERRA CIVIL

Julio Aróstegui

En los primeros años ya de un nuevo siglo, habiendo dejado atrás aquel en el que una guerra civil más destructora que las del siglo XIX, la de 1936-1939, vino a ser el más importante acontecimiento de nuestra historia, la memoria de aquella guerra, sus efectos sociales, culturales, y hasta políticos, siguen muy presentes en la sociedad española. Su estudio histórico, sin embargo, no está hoy precisamente en su mejor momento. Esta afirmación, aun cuando lo parezca, no es una declaración de pesimismo y necesita ser aclarada.

El episodio más trágico de nuestra historia contemporánea se nos ha quedado ya a la distancia de casi tres cuartos de siglo. Pocos de quienes la hicieron, la vivieron y la sufrieron están todavía entre nosotros. Por lo trágico de su misma existencia, por su desenlace, y por las duraderas consecuencias que tuvo, la imagen y la interpretación de aquella efemérides, en todo el tiempo que la ha seguido hasta hoy mismo, ha pasado por momentos muy distintos. Este cambio de imagen e interpretación es fundamental para entender la «verdadera historia» de la guerra civil que, lo sabemos bien, no terminó en 1939 cuando callaron las armas. Continuó durante decenios.

En España se impuso primero, como única posible, la visión que tenían de ella los vencedores. Los vencidos sólo pudieron exponer la suya en el exilio. El final del régimen surgido de la guerra, el del general Franco, permitió una cierta confrontación de las miradas. La necesidad de *superar* el trauma histórico-social que la guerra supuso llevó en los años setenta y ochenta del siglo pasado a una visión más distanciada, cautelosa, desde luego, y, también, una mirada, en todo caso, en la que las perspectivas históricas, políticas, ideológicas se amalgamaron cada vez más con las morales. La guerra civil pudo ser más o menos silenciada en el tiempo de la gran transición, pero se fue convirtiendo cada vez con mayor claridad en un trauma *ético* y la moral de la «restitución», de la reparación, fue abriéndose paso.

El cincuentenario del comienzo de la tragedia, en torno a 1986, hizo surgir el primer verdadero nuevo paradigma en la interpretación de la guerra, que superaba las visiones anteriores. Los trabajos, las conclusiones y, en consecuencia, las visiones de una nueva generación de estudiosos que no habían vivido ellos mismos el enfrentamiento, sino que más bien pertenecían a la generación que vivió y protagonizó la transición posfranquista, es decir, la generación de «los hijos de la guerra», aportó una consideración personal de lo ocurrido cincuenta años antes. Los nuevos historiadores de la guerra basaron su opinión en dos convencimientos que no eran gratuitos. Primero, llegaron a la conclusión de que las guerras civiles no las gana nadie... La guerra de 1936 representó para el país una importantísima rémora para su desarrollo (los niveles económicos de la preguerra no se recuperaron hasta los años cincuenta), con independencia del número de sus víctimas, nos alejó de una Europa que acabó superando la amenaza del fascismo mientras aquí pervivía una versión de él, nos aisló internacionalmente (del proceso de la integración europea, por ejemplo), hasta que los intereses estadounidenses vieron útil pactar con el dictador Franco... La guerra civil, pues, estaba muy lejos de haber sido la salvación del país como dijeron los vencedores.

Pero, también, segundo: la guerra fue la consecuencia de una incapacidad histórica, quizá colectiva. La democracia de los años treinta fue incapaz de consolidarse ella misma antes de ser derribada por la fuerza. Las urgentes reformas que una nueva generación de políticos puso en marcha —agraria, militar, educativa, constitucional, entre otras— adolecieron de improvisación y, lo que es más grave, de torpeza en su ejecución. Las resistencias que levantaron no acabaron de ser ni reducidas ni reconducidas.

De ahí que toda una generación de estudiosos extranjeros de esta misma generación, y que tanto y tan beneméritamente hicieron por hacernos entender mejor nuestros propios problemas, en general acabaran creyendo que el problema de la guerra civil estaba ligado al *fracaso* de la experiencia republicana. Creemos que se equivocaban, pero ello no les resta mérito.

En efecto, quienes ya en los años ochenta se empeñaron en abordar un mejor conocimiento del problema que llevó a la guerra entendieron que no cabía hablar del fracaso de un régimen concreto, la República, y que no cabía simplemente atribuir responsabilidades personales acá y allá. Si los políticos republicanos hubiesen actuado de otra forma… La cuestión central, se concluyó entonces, era que la guerra civil debía ser vista como el resultado de un problema más hondo, más antiguo, más enquistado. Algo que resumía muchas de las carencias que se perpetuaron en toda nuestra historia contemporánea. La guerra civil fue el resultado, establecía ese nuevo paradigma explicativo nacido en los años ochenta, ya en la nueva democracia, de la *incapacidad* de nuestras elites modernizadoras y fue, paralelamente, una muestra de la incapacidad de la vieja oligarquía creada en la Restauración para haber asimilado, cuando menos, aquella astuta reflexión que nos transmitía el personaje creado por Giuseppe Tomasi di Lampedusa: «es preciso que algo cambie para que todo permanezca». La guerra civil fue el resultado de la incapacidad modernizadora frente a la resistencia al cambio. Ella representó, en todo caso, el asalto a la *legitimidad*. Por ello mismo, el problema de fondo y de superficie de la legitimidad *(ilegitimidad)* que de allí nació atormentó siempre a los fautores del alzamiento.

Pero estas convicciones no han permanecido sin ser atacadas. El intento de una superación de la guerra civil, de una reconstrucción de su memoria, por la vía misma de su mejor comprensión, ha sufrido en los días culturalmente tan grises que vivimos un lamentable retroceso. La *revisión* de la guerra que ciertos piratas de la historia han puesto en marcha, que algunos de sus corifeos quieren ver como una «bocanada de aire fresco» en el corazón de la visión establecida en los años ochenta, anquilosada, dicen, como la «políticamente correcta», es, sencillamente, la mercancía fraudulenta de unos mercaderes tramposos. Y no, claro está, porque quieran hacernos ver otras cosas, sino porque simplemente es falso que ofrezcan nada nuevo. Lo que ofrecen ha superado claramente su fecha de caducidad. Ese pretendido revisionismo poco, o mejor, nada en absoluto, tiene que ver con la

nueva investigación histórica sobre el suceso que una tercera ya generación de estudiosos —«los nietos de la guerra»— lleva a cabo afanosamente en nuestras universidades. La supuesta revisión de «los mitos de la guerra civil» es una fraudulenta operación de mercadotecnia cultural —a propósito de la cual a uno se le ocurre pensar que las obras más vendidas de la «literatura» española son las novelas de Corín Tellado— que representa simplemente un mero retroceso a las posiciones que nos impusieron los vencedores hace cincuenta años y que luego han defendido algunas plumas a su servicio. Esta supuesta revisión carece de todo aliento de verdadera innovación. Sus fuentes históricas son vetustas, están sobrepasadas e invalidadas. No nos descubren ni un solo documento nuevo. Sus explicaciones son las mismas que hemos oído y leído centenares de veces; sus autoridades, aquellas a las que una detenida investigación ha privado de toda autoridad.

Pero el optimismo tiene también su lugar. Son esos «nietos de la guerra», y no ciertos travestismos intelectuales, los que representan esta verdadera bocanada de aire fresco. Son los que entienden innovadoramente que ellos tienen que «descubrir» su propia guerra. Creo que por ello se empeñan en descubrir a sus víctimas más recónditas: los represaliados sin nombre y sin tumba. Los que antes habían sido siempre expulsados de la memoria. Para esta nueva generación que pretende conquistar una memoria propia de la guerra civil, una memoria que es sobre todo reparadora y moral, porque estamos en el momento de la memoria moral, viene bien que la guerra civil aparezca en su dimensión de tragedia total, lo que fue. Y que se vuelva sobre su imagen cultural y se exhiban sin tregua los productos artísticos que inspiró. Pero es importante también que se reafirmen los puntos y anclajes en roca firme desde los que es posible un verdadero avance de nuestro conocimiento histórico de la tragedia, muy lejos de la vuelta a las viejas posiciones.

La guerra civil fue, decíamos, el resultado de unas incapacidades reales, pero de unas incapacidades, hemos dicho también, que llevaron a ilegitimidades. Por mucho que nos intenten confundir los revisionistas de pacotilla, la guerra civil fue ni más ni menos que el resultado de una sublevación militar con notables apoyos civiles y eclesiásticos frente a un poder legítimo. Pero en Historia no basta con asegurar esto para explicar algo. Es preciso comprender *por qué* se sublevaron los sublevados y es preciso comprender *por qué* resistieron los que resistieron. Para ello, es imprescindible siempre colocar el hecho histórico en su propia historia, en su contexto,

GUERRA
Madrid, 1937

Sólo un objetivo: Ganar la guerra: UGT
CASA DEL PUEBLO DE MADRID

en su tiempo y sus condicionantes. La guerra civil fue un *hecho español*, pero no lo entenderíamos si olvidáramos que fue, al mismo tiempo, un *hecho europeo* y un *hecho mundial*. Volvamos, pues, con brevedad al intento de explicar históricamente la guerra civil.

La guerra civil fue el desenlace de lo que se ha llamado «la crisis española del siglo XX», pero no se la podría entender tampoco fuera de la «crisis europea de entreguerras», 1918-1939, o, si se prefiere, 1914-1945. Y para seguir con el símil, algunos hemos intentado fijar también el concepto de una «crisis española de los años treinta» en cuyo seno los españoles llegaron al enfrentamiento

armado. Lo cierto es que la experiencia que la sociedad y el Estado españoles vivieron en aquel mundo inmensamente agitado e impredecible de entreguerras, en los años veinte y treinta de nuestro siglo, fue un caso específico, un tipo particular, del panorama más extenso de crisis que vivieron muchos países en la época. A veces se ha dicho ya que el caso de la tragedia española no era sino un «microcosmos», un modelo a escala, de un situación histórica que afectaba igualmente a Europa e incluso al mundo.

Así pues, no sólo España, las sociedades de la Europa occidental en la posguerra del primer gran conflicto internacional del siglo XX también vivieron crisis profundas. La llegada aquí de la Segunda República se producía en el contexto del agotamiento evidente de la España de la Restauración alfonsina, pero ello no oculta su paralelismo con hechos trascendentes en otras partes de Europa: la llegada de un gobierno laborista al poder por vez primera en Gran Bretaña, la crisis radical en la Tercera República francesa, la experiencia de la República de Weimar en Alemania. De una u otra manera, se trataba de una crisis generalizada del orden liberal clásico que en España, y en otros sitios antes, llevaba al intento de superarla ahondando en la democracia.

Ahora bien, en la superación de la crisis de las sociedades europeas salidas de una Gran Guerra de proporciones desconocidas antes, no sólo se propuso el modelo o mecanismo del ahondamiento en la democracia, sino que estaban presentes otras dos propuestas de cambio que jugaron sus propios e importantes papeles. En confrontación con la marcha hacia la *democracia radical*, Europa vio nacer otras dos formas de respuesta: la de un nuevo socialismo, el *bolchevismo*, y la que ya estaba viviendo de las primeras experiencias de una vía híbrida y compleja, el *fascismo*. En su significación última, estas tres propuestas, *democracia radical*, *comunismo* y *fascismo* venían a representar respuestas a un problema generalizado: cómo entrar en un mundo nuevo en economías, sociedades, estados, ideologías y conciencias. En ese panorama es preciso entender la apuesta de las elites burguesas, ilustradas y progresistas españolas, en alianza con el «movimiento obrero organizado» (son palabras de Largo Caballero) a final de los años veinte, por la democracia republicana, las reformas sociales, la reforma del Estado y el cambio en la hegemonía ideológica.

De aquellas respuestas en Europa, y lo mismo pasaría en España, dos se presentaban, al menos en sus textos programáticos, como *revolucionarias*: el comunismo y, también, el fascismo; la tercera no quería ser sino *reformista*, la de las pequeñas burguesías radical-democráticas y el movimiento obrero reformista (que representaba en Europa la Segunda Internacional). Como proyecto histórico, la República española se presentó a sí misma como reformista, en ningún caso como revolucionaria. Pero ninguna de las otras dos propuestas estuvo ausente en la crisis española de los años treinta. Así, nuestra guerra civil presenta un nuevo contexto ineludible para su explicación: el que nos obliga a considerar que democracia radical, fascismo y comunismo pretendían tener sus propias soluciones. Los años treinta vivieron una continua confrontación en España de estas posiciones, vivieron reconstrucciones de las relaciones entre ellas y acabaron viviendo su enfrentamiento, recompuestas, en una guerra civil.

Así, el conflicto en la sociedad española que se había abierto sin posible retorno, al menos desde las grandes conmociones de 1917, no encontró una forma de resolución y desembocó casi veinte años después en la lucha armada. En último análisis, y ésa es la hipótesis profunda que queremos hacer comprender al lector, la guerra civil española fue resultado de la *incapacidad para establecer una nueva hegemonía* real en que se debaten esas propuestas en confrontación y los grupos sociales que las defendían. Tal incapacidad, lejos de canalizar y estabilizar un *conflicto global* entre clases, en lo social —el conflicto campesino, la organización laboral—, en lo ideológico —el poder de la Iglesia, el control de la enseñanza—, en lo político —la forma del Estado, el papel del ejército—, hacia pautas específicamente políticas, lo agudizaría hasta propiciar como prioritaria su *resolución violenta*. La incapacidad, justamente, llevó al asalto a la legitimidad. La República de 1936, gobernada legítimamente por la democracia radical con el consenso del socialismo reformista (reformista al menos en aquel momento), fue asaltada por la contrarrevolución de peculiar inspiración fascista, porque el fascismo español sabemos bien que tenía sus peculiares connotaciones.

Lo que había que explicar específicamente en el caso español es por qué estas tensiones, que se dieron igualmente en otros países de Europa, tuvieron un *desenlace en guerra civil*. La incapacidad para imponer una hegemonía políticamente —la que tuvo el PSOE, la que tuvo la CEDA, el republicanismo de izquierda o de derecha— llevó a la guerra civil. Resulta, en todo caso, que las condiciones de la crisis española se habían convertido de tal forma en arquetípicas de la dinámica de las luchas sociales de la Europa del tiempo[1], que ello potenció, hasta extremos desconocidos antes en ningún conflicto nacional, la resonancia mundial de los sucesos españoles a partir de julio de 1936. Tanto las resonancias inmediatas en el plano in-

ANÓNIMO
Valencia, 1937

¡Solidaridad!: periódico mural del Socorro Rojo de España.
Los combatientes, unidos, exigen la Unidad de todo el Pueblo.
SOCORRO ROJO DE ESPAÑA

ternacional que el conflicto tuvo como la internacionalización de la guerra civil española han sido cuestiones muy discutidas por los autores. No reabriremos aquí ese debate, sino que nos basta con insistir en la necesidad de profundizar en la historia comparada.

Las *estrategias de resolución* propuestas para el conflicto social español, ya fueran reformistas, revolucionarias o contrarrevolucionarias, han de estudiarse en el contexto de las grandes corrientes a escala continental de las que hemos hablado. La primera de tales estrategias ante la crisis que se intenta aplicar procede del impulso autoconservador de las propias fracciones dominantes en la España de la Restauración. Adquiriría la forma de la dictadura militar, con ciertos elementos tempranos de «mímesis» del fascismo: fue lo que intentó Primo de Rivera, a partir de 1923 y hasta 1930. Pero conviene insistir en su presencia como mera mímesis de elementos tomados del fascismo —el corporativismo, entre ellos—. Es un caso semejante al portugués: en España el papel de contención de la revolución proletaria que adoptaría como misión una parte de la burguesía europea, la que se *fascistiza*, lo desempeña el mundo agrario tradicional, informado por el catolicismo y sustentado por el caciquismo político. Éste es uno de los ingredientes que llevarán a la guerra civil. Ni en Portugal ni en España existe un genuino fascismo.

La segunda estrategia es la muy problemática que propugnarían las emergentes «pequeñas burguesías» urbanas en el esfuerzo por encontrar un proyecto histórico propio de su clase. Semejante proyecto se dirige hacia una profundización en la democracia parlamentaria por la vía de la liquidación de la monarquía oligárquica de Alfonso XIII y la implantación de la República. Su forma política primordial es, pues, el republicanismo democrático. El problema es que el republicanismo burgués que emprende reformas para los problemas sociales fundamentales existentes al final de los años veinte y comienzo de los treinta, y que aborda la tarea de la modernización del Estado, carecía de un verdadero programa de transformación social.

El republicanismo pequeño burgués pudo llevar adelante su empresa renovadora al aliarse con las fuerzas de la parte mayoritaria del socialismo español, partido (PSOE) y sindicato (UGT). De forma que el reformismo como solución para la crisis de la sociedad española de la Restauración que lleva adelante la República aparece como producto específico de la *alianza* entre el socialismo socialdemócrata y parlamentario y la pequeña burguesía urbana que buscaba un camino histórico que la desligara de su posición de satélite de la burguesía terrateniente. La aceptación de tal proyecto produce en el socialismo un conflicto interno notable.

En tercer lugar se encuentra la estrategia de la revolución. Pero ¿puede hablarse de una *revolución española* en los años treinta? La explicación histórica que se propone aquí es que en España no hay en los años treinta una verdadera propuesta revolucionaria con posibilidades de allegar una adhesión importante. Pero ello no quiere decir que el «discurso» revolucionario esté ausente. La propuesta revolucionaria del anarcosindicalismo español (CNT-FAI) es la más discutida, la más compleja y la que más ha desorientado a muchos observadores y tratadistas. El anarquismo tiene un *discurso* revolucionario pero carece de una *doctrina* de la revolución, tiene tal vez planes pero carece de proyectos de revolución. Por ello, entre otras cosas, acaba cayendo en un insurreccionalismo salvaje en los años 1932 y 1933. Con todo, el mayor movimiento insurreccional con aliento revolucionario que se produce en la década es el de 1934, plasmado especialmente en Asturias y que acaba constituyéndose en un mito para el proletariado.

Ahora bien, paradójicamente, la guerra civil se va a desencadenar en realidad como resultado de un golpe militar contra la República y su gobierno de Frente Popular bajo la coartada de la existencia de un avanzado proyecto de revolución comunista. Ya en fecha tan temprana como 1932, la contrarrevolución intenta la de-tención de lo que cree un proyecto de destrucción del orden social acuñado en los cincuenta años anteriores: es el golpe de Sanjurjo. Pero el golpe contrarrevolucionario mucho más potente de julio de 1936 cree, o afecta creer, en una situación de revolución inexistente de hecho que, sin embargo, *provoca una efectiva situación revolucionaria* que se desenvuelve y diluye a lo largo de la guerra civil. Manuel Azaña fue entre los contemporáneos el más agudo observador de este fenómeno del desencadenamiento de una revolución *real* como producto del levantamiento contrarrevolucionario frente a una revolución *ficticia*[2]. Una revolución que tuvo su opción pero que nunca se llegó a consumar verdaderamente.

¿Cómo tiene la crisis española este desenlace en forma de golpe contrarrevolucionario y guerra civil? La guerra civil en que desemboca la confrontación de estas estrategias de solución para una crisis histórica en España obedece, a nuestro modo de ver, a que ninguna de tales estrategias tuvo el suficiente poder para *imponer por sí misma una solución hegemónica,* pero tampoco existe poder para eliminar eficazmente y a tiempo a cualquiera de ellas de la confrontación ideológica y política. Lo particular en la España de entreguerras es que no hay ningún bloque social con la fuerza suficiente para *imponer una nueva hegemonía* en el «tiempo útil» en el que un conflicto era aún resoluble por la vía de las normas políticas y que superara el orden social de la vieja España agraria. Al no encontrar el conflicto una solución nacida de una nueva supremacía política y una nueva dominación social se llegaría a su resolución por la fuerza. En España carecen de poder para la transformación, cualesquiera de las tres propuestas: las *reformistas*, las *revolucionarias* y las *contrarrevolucionarias*. Esta última se lanzó a la insurrección. En consecuencia, quien triunfó en España al final de la década de los años treinta fue la contrarrevolución que llevaron adelante los viejos poderes bajo un nuevo ropaje político: el régimen del general Franco.

NOTAS

1. Que el caso español era arquetípico dentro del problema común que se discutía en Europa, es decir, del triple enfrentamiento en democracia radical, fascismo y socialismo, lo creían casi todos los observadores en los años treinta y en 1936 al desencadenarse la guerra en concreto. Por eso esta guerra tuvo un impacto mundial sobresaliente. Una de las opiniones más conocidas que insistían en la necesidad de cambiar ese cliché interpretativo sobre España fue la de Franz Borkenau después de conocer personalmente la situación en España. Según él, en ese esquema tópico habría de introducirse una variable distinta que distorsionaba todo el panorama español: el anarcosindicalismo. F. Borkenau: *El reñidero español.* Ruedo Ibérico, París, 1971. Prefacio y pp. 137 pássim.
2. Lo hace observar en diversos pasajes el personaje Garcés, trasunto del propio Azaña en la obra literaria de la que éste es autor, *La velada en Benicarló.*

BARDASANO
Madrid, 1937

1º de Mayo: más que nunca unidad obrera: Frente Popular
PCE. MADRID. SECRETARÍA DE AGIT-PROP.

PERSPECTIVA INTERNACIONAL DE LA GUERRA CIVIL ESPAÑOLA

Gabriel Jackson

Comentaristas de muy diferentes puntos de vista políticos se han referido a la guerra civil española como «la última gran causa». Con estas palabras intentaban caracterizarla como la última gran guerra en la que muchos, si no la mayoría, de los combatientes en ambos bandos tenían la sensación de estar luchando por una causa moral, sagrada, política o filosófico-religiosa, más que por ventajas económicas, territoriales o estratégicas. Debido en parte a estos fuertes motivos ideológicos, en el mundo entero muchos reconocieron instintivamente que los resultados de aquella guerra se sentirían más allá del propio territorio español.

En aquel momento, la razón más inmediata por la que los extranjeros dedicaban su atención continuamente a la guerra civil era la confrontación física en España entre las fuerzas activas del fascismo, la democracia occidental y el comunismo. En 1936, el fascismo ya dominaba Italia, Alemania, Portugal y varios países pequeños de Europa Central. La democracia occidental se encontraba sumida en un desorden económico resultado de la depresión mundial y estaba psicológicamente a la defensiva frente a los horribles desafíos tanto del fascismo como del comunismo. Muy pocos foráneos tuvieron la oportunidad de saber qué estaba sucediendo realmente en la Unión Soviética, pero en general las clases dirigentes europeas y norteamericanas así como la población rural veían el comunismo como el principal enemigo de sus sistemas económicos e ideológicos, y las clases trabajadoras veían en el comunismo una esperanzadora alternativa al capitalismo, aunque existía una gran división de opiniones sobre la dictadura de Stalin.

En la guerra civil española se podían observar la militancia, la moral y la competencia, o incompetencia, de personas fieles a las tres fuerzas principales. Se podía contemplar una constante interacción de consideraciones de clase, nacionales, ideológicas y de estrategia internacional. Así, indistintamente de las convicciones personales o los vínculos emocionales, todas las personas con conciencia política se sentían fascinadas por la guerra civil española. Al mismo tiempo debe decirse que la mayoría de los comentaristas, periodistas y diaristas no españoles que informaban sobre la guerra tenían escasos conocimientos sobre la historia o la economía de España, de manera que la literatura contemporánea estaba llena de comparaciones con acontecimientos de las revoluciones francesa y rusa, de las cuales algunas son esclarecedoras y otras desafortunados sucedáneos del conocimiento de la situación local.

Quizás el aspecto más singular, y fuera de España el más intensamente estudiado, de la guerra civil fue la participación de las Brigadas Internacionales, unos 40.000 voluntarios procedentes de cincuenta países que sirvieron a la República como soldados, médicos, enfermeras, conductores de ambulancia, intérpretes y representantes de numerosos sindicatos. Docenas de franceses y polacos sirvieron en los ejércitos revolucionarios del futuro Estados Unidos en la década de 1770. Un número considerable de europeos, en su mayoría ingleses, participaron en la guerra de liberación griega frente al imperio turco en la década de 1820, y muchos europeos ayudaron personalmente a otros países en la compleja red de revoluciones en los años 1848-1849. Pero que 40.000 hombres y mujeres, de todo el mundo, arriesgaran sus vidas para defender la libertad política de una nación pequeña y de no mucha importancia, fue un gesto único en la historia. Se han publicado cientos de autobiografías, diarios, cartas y estudios académicos sobre las Brigadas, y, por otra parte, la participación de un pequeño grupo de voluntarios equivalente en el ejército del general Franco (católicos irlandeses y europeos, ortodoxos de la península balcánica y rusos blancos) ha sido estudiada por la historiadora australiana Judith Keene en el libro *Fighting for Franco* (*Luchando por Franco*, Ed. Salvat, 2002).

En términos político-militares inmediatos, la guerra civil comenzó como resultado de un golpe militar fallido. El 18 de julio de 1936, un importante número de cuerpos de oficiales bien organizados emitieron un pronunciamiento contra un gobierno débil e internamente dividido. Con el apoyo de la jerarquía católica y de la mayor parte del clero, esperaban repetir las relativamente incruentas tomas de poder que tuvieron lugar en varias ocasiones durante el siglo XIX. Pero la resistencia conjunta de las fuerzas sindicales, los soldados de a pie, los marineros, los pilotos y las numerosas unidades de la Guardia Civil y de la policía municipal, hicieron fracasar el golpe militar en las ciudades más importantes y en la mayoría de la Armada y las Fuerzas Aéreas. A partir del 20 de julio, ambos bandos reclamaron suministros a sus potenciales aliados extranjeros. Los insurgentes ponían sus esperanzas en las ascendentes potencias fascistas. El gobierno republicano esperaba que las potencias democráticas, Francia, Inglaterra y quizás Estados Unidos, le suministrarían armas como gobierno legítimo y democrático que se defendía contra un alzamiento militar.

En una semana, Hitler y Mussolini decidieron separadamente apoyar a los militares, e indicaron una clara preferencia por el general Franco como comandante en jefe. Al mismo tiempo, el primer impulso del gobierno del Frente Popular francés de Léon Blum fue proveer de aviones y armas al gobierno de Giral. Sin embargo, en unos días quedó claro que el aliado indispensable de Francia, Inglaterra, se oponía rotundamente a cualquier acción llevada a cabo a favor del gobierno republicano, y que las fuerzas conservadoras francesas se opondrían enérgicamente a cualquier acción en favor de los «rojos» españoles. Pero Francia necesitaba defenderse ante el peligro de tener un gobierno hostil pro-fascista instalado en España, e Inglaterra deseaba tanto evitar la propagación de la guerra civil a otros países como contener la influencia de un agresivo Mussolini en el Mediterráneo. De esta forma, Francia e Inglaterra propusieron conjuntamente una política de «no-intervención». El 8 de agosto todas las potencias relevantes, Inglaterra, Francia, Alemania, Italia, Portugal y la Unión Soviética, se comprometieron a no suministrar armas a ninguno de los bandos beligerantes.

Para Gran Bretaña, no obstante, el concepto de no-intervención enlazaba con una política general más amplia sobre las potencias fascistas. Para Gran Bretaña como líder del mundo democrático (Estados Unidos seguía generalmente a Gran Bretaña en lo que se refiere a asuntos exteriores) en la década de 1930 había dos naciones que desafiaban el parcialmente democrático orden mundial capitalista: la Unión Soviética y la Alemania nazi. Los soviéticos afirmaban que estaban construyendo una sociedad revolucionaria que a la postre reemplazaría el orden capitalista en su totalidad. Los nazis estaban decididos a invertir los resultados de la Primera Guerra Mundial, a acabar con las limitaciones impuestas a Alemania por el Tratado de Versalles, y a destruir el régimen comunista contra el que tronaban Hitler y otros dictadores de derechas, y al que calificaban como el enemigo mortal de Europa. A Inglaterra le incomodaba la violencia verbal de los nazis así como el rearme de los alemanes, pero seguía considerando al comunismo una amenaza mucho más importante que el nazismo.

Frente a acciones potencialmente hostiles como la reconstrucción de la flota alemana, la invasión de Etiopía por la Italia fascista en 1935 y la reocupación de la desmilitarizada Renania en la primavera de 1936, los ingleses eligieron apaciguar los agresivos apetitos de los poderes fascistas, en vez de enfrentarse a ellos. Esperaban que las limitadas concesiones realizadas por las potencias occidentales aplacarían la hostilidad de Hitler y Mussolini y, en el peor de los casos, que su futura agresión se dirigiría contra la Rusia soviética, y no contra Occidente. Francia supo entonces que no tenía otra alternativa que aceptar el liderazgo británico en una política que se conocería como «de apaciguamiento».

Volviendo a los primeros días de la guerra civil española, las potencias fascistas intensificaron sus envíos a los insurgentes durante el mes de agosto, en abierto desafío al acuerdo de no-intervención que acababan de firmar. En septiembre, la Unión Soviética advirtió que no se sometería a los recientes acuerdos en mayor grado que los otros signatarios, y desde octubre de 1936 hasta comienzos de 1939, vendió armas y contribuyó con medicamentos y alimentos, en defensa de la República. El gobierno de coalición del Frente Popular de Largo Caballero envió a Rusia la mayor parte de las reservas de oro del Banco de España, pagando con éstas las armas, a precios establecidos por los rusos. Desde el punto de vista de las potencias fascistas y de las fuerzas conservadoras de las democracias occidentales, la ayuda soviética prestada a la República fue considerada como prueba de que Rusia se proponía establecer un régimen comunista en España.

El motivo real era muy diferente. Cualquier gobierno ruso se hubiera preocupado por la agresiva militarización de sus dos más poderosos vecinos, Alemania y Japón. Además, Stalin había decidido, tras el fracaso de la revolución comunista china en 1927, que era el momento de «construir el socialismo en un solo país» más

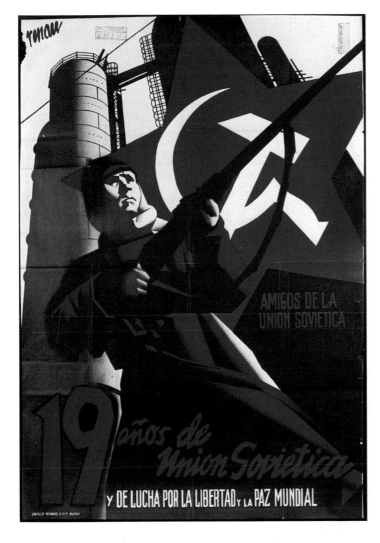

RENAU
Madrid, 1936

*Amigos de la Unión Soviética: 19 años de Unión Soviética
y de lucha por la libertad y la paz mundial*
PSOE. AGRUPACIÓN SOCIALISTA DE ALCALÁ DE HENARES

«Frente Popular» entre los partidos marxistas y las fuerzas capitalistas democráticas, pero anti-fascistas; a escala internacional, la «seguridad colectiva», una alianza defensiva entre la Unión Soviética y las potencias occidentales para proteger a la «democracia burguesa» y a la Unión Soviética de Hitler y sus posibles aliados, Italia y Japón.

La guerra civil española se convirtió en la prueba de fuego para ambas políticas. La República había elegido un gobierno del Frente Popular en febrero de 1936, y el manifiesto compromiso de la Italia fascista y la Alemania nazi con la revuelta militar del general Franco dio a Inglaterra, Francia y la Unión Soviética la oportunidad perfecta para derrotar la agresión fascista en una guerra localizada. La cuestión no era ya crear una España comunista. Stalin y los comunistas españoles se opusieron a los diversos esfuerzos colectivistas de los socialistas y anarcosindicalistas realizados durante la guerra. El objetivo era detener a Hitler sin necesidad de una guerra mundial. Pero, sin duda, un largo historial de discursos y documentos ejerce efecto sobre aquellos a los que están dirigidos. Durante los quince primeros años de dominio, los soviéticos habían denunciado a todos los gobiernos capitalistas y a los infelices que creían en los avances democráticos logrados bajo el sistema capitalista. Por tanto, es fácilmente comprensible, aunque desafortunado, que las fuerzas dominantes en Occidente se negaran a creer en el evidente y perspicaz interés de los soviéticos por las políticas del Frente Popular y de la seguridad colectiva.

Durante los años 1935-1939, la posición soviética fue mucho más realista que la política de apaciguamiento. Después de que los pequeños estados democráticos de España y Checoslovaquia fueran entregados a Hitler y a sus aliados, las democracias de Occidente y la Unión Soviética tuvieron que salvarse de la conquista nazi por medio de una alianza coyuntural, en 1941-1945. Pero durante la guerra civil española, las fuerzas gobernantes de Occidente prefirieron apaciguar a Hitler. De una forma o de otra, bajo la presidencia de Gran Bretaña, el comité de no-intervención nunca encontró pruebas «irrefutables» de que Alemania, Italia y Portugal prestaran ayuda al general Franco de forma masiva y manifiesta. La investigación sobre las actividades de bancos británicos, europeos y norteamericanos, empresas petrolíferas y de aviación de los que Franco compró a crédito desde el principio hasta el final de la guerra, no era una de las tareas de dicho comité. Las muchas maneras en que el mundo capitalista capitaneado por Gran Bretaña ayudó activamente al general Franco y evitó al

que de luchar por una revolución mundial. En vista de las amenazas de guerra de Alemania y Japón, Stalin y sus consejeros buscaron un acuerdo defensivo con Occidente, suponiendo que Inglaterra y Francia también verían a Hitler como una amenaza mucho mayor que una Unión Soviética que posponía explícitamente la revolución mundial a un futuro indefinido. Los portavoces soviéticos, y los partidos comunistas de todos los países, defendían firmemente dos nuevas políticas en 1935: a escala doméstica, la formación de alianzas electorales y de gobierno de mismo tiempo que la República comprara armas, han sido magníficamente expuestas en el libro *Arms for Spain* (*Armas para España*, Ediciones Península, 2002), escrito por el estudioso inglés Gerald Howson. La insólita propensión de los diplomáticos británicos a ver la mano de Moscú en todo el mundo hispánico tras la revolución de 1917, se encuentra profusamente documentada en la obra del historiador americano Douglas Little, *Malevolent Neutrality*.

Como los párrafos anteriores señalan, la constelación de la política internacional era claramente favorable a la causa insurgente. Alemania, Italia y Portugal apoyaban abiertamente el alzamiento militar sin ningún tipo de comedimiento. Inglaterra favoreció al general Franco, mientras aparentemente trabajaba por la neutralidad. Francia seguía a Inglaterra por miedo a perder su aliado más importante, y Estados Unidos aceptó el predominio británico en política mundial. Los principales poderes industriales y financieros del mundo anglosajón también ayudaron directamente a Franco, violando frecuentemente las políticas de sus gobiernos. Sólo la Unión Soviética apoyaba a la República, y aun así estaba demasiado distante y preocupada con las más inmediatas amenazas de Alemania y Japón para competir cuantitativamente con las potencias fascistas.

No obstante, entre noviembre de 1936, con el éxito de la defensa de Madrid, y febrero de 1938, cuando el ejército republicano tomó Teruel, aunque sólo para volver a perderlo y verse forzado a retirarse al Mediterráneo, la República pudo defenderse y reconstituir su aparato de gobierno, que había sido temporalmente destrozado por el alzamiento del 18 de julio. Los líderes republicanos, socialistas y comunistas reconocieron que el bando republicano podría ganar la guerra únicamente si las democracias occidentales pusieran fin a la farsa del no-intervencionismo en favor de un apoyo diplomático y material a la República. Hasta la desastrosa retirada en marzo de 1938, Azaña, Prieto y sus seguidores seguían esperando este cambio. Desde la primavera de 1938, sólo los seguidores de Juan Negrín (quien había sustituido a Largo Caballero como presidente del gobierno en mayo de 1937) y los comunistas creían posible un cambio de política por parte de los británicos.

A partir de mediados del año 1938, el mismo Negrín reconoció que el bando republicano no podía ganar la guerra, pero esperaba que, si conservaba la lealtad de la población civil y mantenía un ejército disciplinado en el campo de batalla, podrían pasar dos cosas: Hitler podría precipitar la Segunda Guerra Mundial, en cuyo

ANÓNIMO
S.L. 1937

El sindicalista
PS

caso el ejército republicano sería tratado como un aliado (como sucedería posteriormente con los movimientos de resistencia en Francia e Italia), o las potencias occidentales podrían, como mínimo, presionar al general Franco para que aceptara las condiciones de paz que protegerían a los republicanos contra las grandes purgas sangrientas que el victorioso dictador llevaría a cabo más tarde.

En los párrafos anteriores he concentrado mi análisis en las acciones de aquellos países materialmente capaces de ejercer una influencia real sobre el desarrollo de la guerra. Pero la opinión del mundo era, cuando menos, tan importante como el propio desarrollo de la guerra para la creación de la memoria de «la última gran causa». Las clases medias liberales, la comunidad intelectual y artística, y la mayoría de las iglesias protestantes de Europa occidental, de América del Norte y del Sur, estaban del lado de la República, así como las federaciones sindicales y los partidos políticos laboristas y socialdemócratas. En la Unión Soviética, donde el gobierno controlaba generalmente toda expresión de la opinión pública, se dio una disposición inusualmente espontánea hacia la recolección de dinero, joyas, ropa y alimentos para la España republicana. Rara vez hubo tal armonía entre las políticas del gobierno y la opinión pública en la historia de la Unión Soviética, y rara vez fueron tan distantes como en la experiencia de las potencias democráticas capitalistas de Occidente. En Latinoamérica, los gobiernos de México, Cuba y Chile eran en general pro-republicanos, aunque no se encontraban en situación de ofrecer apoyo material. Por otra parte, la guerra civil española fue la única guerra «occidental» que atrajo voluntarios de China y del sudeste asiático. Muchos de los que lucharon en las Brigadas Internacionales formarían parte más tarde de los movimientos de resistencia en Francia e Italia. Muchos de los europeos del Este estarían entre los líderes y las víctimas de las purgas llevadas a cabo por la Europa Central y del Este ocupada por la Unión Soviética tras la Segunda Guerra Mundial.

La guerra fría enfrentó a las potencias democráticas de Occidente contra la Unión Soviética en política internacional desde 1945 hasta 1991, y no sorprende por ello que se haya escrito tanto sobre el papel de los partidos de la III Internacional Comunista y sobre Stalin en particular. Considero que realizar una evaluación razonable constituye una tarea extremadamente difícil, porque, por un lado las políticas mencionadas de los partidos comunistas en la etapa del Frente Popular eran políticas compatibles con, y beneficiosas para, la causa de la democracia económica y política de los países de Occidente. Por otro lado, tanto Lenin como Stalin habían impuesto una disciplina férrea, jerarquizada, a los partidos comunistas, así como un catálogo de lemas retóricos abstractos que hacía imposible que los demócratas y la gente de izquierdas tuvieran una discusión natural con ellos. Pero lo más grave fueron las purgas físicas que practicaron con sus enemigos políticos de una forma que nos recuerda a la época más atroz de la Inquisición. El primero de los infames procesos públicos durante las purgas de Stalin en la década de 1930 tuvo lugar en agosto de 1936, justo después del comienzo de la guerra civil española y antes de que la Unión Soviética decidiera intervenir en favor de la República.

Los historiadores anti-comunistas han dado gran importancia al hecho de que entre el 50 y el 90 % de los brigadistas internacionales tuvieran carné del partido. Pero muchos de ellos –y esto es también cierto de muchos españoles que se unieron al partido durante la guerra– se unieron a los comunistas por admiración hacia su eficacia, disciplina y valentía, sin haber leído una palabra de Marx o de Lenin. Los gobiernos de Occidente hicieron todo lo posible por evitar que los jóvenes y las mujeres se alistaran como voluntarios. Los partidos comunistas proporcionaban pasaportes, pasajes trasatlánticos, planes de fuga de los campos de concentración alemanes y guías para los pasos de montaña en los Pirineos. En España, el Quinto Regimiento, organizado por los comunistas, constituyó durante muchos meses la fuerza militar más eficaz formada únicamente por españoles. Los socialistas y anarquistas de siempre lo sabían todo acerca de las tácticas de Stalin y las purgas sangrientas, pero los jóvenes más ardientes que vinieron a España para luchar contra el fascismo y para defender la República no sabían nada de las luchas entre las distintas facciones de los partidos comunistas. Por lo tanto, es un gran error equiparar la reciente afiliación al partido, o la argumentación referida a los simpatizantes, con la lealtad política a Stalin. (La historia interna del Partido Comunista de España y de los «consejeros» soviéticos ha sido analizada expertamente por Antonio Elorza y Marta Bizcarrondo en *Queridos camaradas*).

En resumen, desde el punto de vista internacional, en la guerra civil española participaron los siguientes factores complejos: *1)* la defensa de un gobierno democrático legítimo frente a un alzamiento militar firmemente respaldado por las potencias fascistas; *2)* la conocida como «política de no-intervención», que en realidad favoreció en gran medida a las fuerzas del general Franco; *3)* la ayuda militar soviética a la República, costeada con las reservas de oro del Banco de España; *4)* los servicios militares, médicos y de transporte prestados al ejército republicano por unos 40.000 voluntarios extranjeros; *5)* el vano esfuerzo de los gobiernos republicanos, y de las muchas organizaciones no gubernamentales que les apoyaban en el mundo, por poner fin al hipócrita esquema de no-intervención y conseguir un total apoyo diplomático y material al gobierno republicano; *6)* la evacuación en 1937 de miles de niños vascos a varios países europeos, y al término de la guerra, de refugiados republicanos de la costa mediterránea al norte de África y a la Unión Soviética; *7)* el combustible, los camiones y los aviones que el general Franco compró a crédito a varias industrias de Occidente; *8)* un golpe en los nudillos a Mussolini cuando sus submarinos atacaron a la flota británica en el Mediterráneo en 1937; *9)* la victoria del general Franco, seguida por gestos humanitarios de las marinas inglesa y francesa al evacuar a algunas de las potenciales víctimas de la futura purga de Franco; *10)* el pacto entre Stalin y Hitler en agosto de 1939, que se enfrentaba sorprendentemente a la política de apaciguamiento de Occidente, y *11)* la alianza defensiva en la Segunda Guerra Mundial de las potencias democráticas y la Unión Soviética, que lograría a escala mundial lo que los gobiernos de Negrín siempre habían esperado lograr en el contexto de la guerra civil española.

Este último punto es también la razón por la que muchos historiadores se han referido a la guerra civil española como la primera batalla de la Segunda Guerra Mundial.

(Traducido del inglés por Alfonso G. Reina)

JOAN MIRÓ
1937
Sello-cartel para ayuda a la causa republicana.

FORMAS DE URGENCIA.
LAS ARTES PLÁSTICAS Y LA GUERRA CIVIL ESPAÑOLA

Jaime Brihuega

Preámbulo inexcusable

La guerra siempre altera el estado de las cosas. Construye un paréntesis dentro del que razonamientos, valores y emociones se configuran a sí mismos bajo parámetros de urgencia, conscientes de que una condición fungible invade tanto lo real como lo imaginario; lo que equivale a decir, todo lo que en ese momento se configura como presente, memoria y conciencia de futuro.

Pero además, la guerra civil española, «nuestra guerra» (y ha sido «nuestra» incluso para quienes nacimos pocos años después de su desenlace), estuvo y sigue estando definida por rasgos muy especiales que atañen a su realidad, consecuencias y también a su consideración restrospectiva. Y ello por varias razones:

Por la terrible realidad que desencadenó en la misma carne de los españoles. La legalidad democrática y pasos muy visibles hacia un horizonte de progreso fueron traicionados por una sublevación militar tras la que se parapetaban los sectores más reaccionarios de nuestra compleja realidad política, económica, social y cultural. A partir de ese momento España desgarró sus propias entrañas en una lucha fratricida.

Por lo que sus implicaciones internacionales fueron evidenciando. Durante el desarrollo mismo del conflicto quedó claro que el fascismo estaba dispuesto a extenderse a cualquier precio sobre Europa y sus áreas de influencia. El estallido de la Segunda Guerra Mundial vendría inmediatamente a confirmarlo.

Por lo que supuso su desenlace. Nuestro libre acontecer histórico iba a quedar amordazado durante décadas por el franquismo. A esta circunstancia contribuiría también, decisivamente, el hecho de que Estados Unidos decidiera utilizar a España como peón en el gran ajedrez de tensiones contrapuestas que se jugó durante la Guerra Fría.

Por lo traumático que resultó durante muchos años remover su memoria, sobre todo para nosotros los españoles, acorralados entre censuras, autocensuras, ajustes históricos de cuentas, heridas reabiertas, estrategias y maledicencias. Pero especialmente, y es lo que nos concierne ahora, la guerra civil española viene rubricada por el impresionante patrimonio cultural y artístico que fue capaz de engendrar. Un patrimonio forjado unas veces en el fragor de la trinchera, otras en el dolor de la ausencia (y la cultura del exilio es parte de su circunstancia), pero casi siempre en el esfuerzo por no liquidar la identidad del ser humano bajo la losa del horror.

Hoy, la actitud serena de que nos provee la regularidad del pulso democrático de España permite contemplar este legado con claridad ecuánime. Una lucidez que, sin embargo, debe huir de la quirúrgica crueldad que supondría la tentación de la asepsia. Porque la guerra civil nos ha legado palabras, formas y sonidos que sólo completan el significado ante el telón de fondo de sus circunstancias. Ello demuestra que, a veces, la trascendencia de la creación cultural, esto es, su persistencia activa a través del tiempo, se hace posible cuando viene avalada por una solidaridad con el hecho vital. Y la vida, a fin de cuentas, sólo es perceptible como cúmulo de circunstancias. Pensemos, si no, cómo despierta y clama de ira el *Guernica* cada vez que los inocentes sufren los efectos de la guerra. Y, desgraciadamente, esto último no ha dejado de ser algo habitual.

Instantáneas de un pabellón que asombró al mundo

El 12 de julio de 1937, mientras la guerra civil española se encontraba en pleno apogeo, fue inaugurado en París el pabellón que representaba a España en la «Exposition International des Arts et

Techniques dans la Vie Moderne». Situado en la pendiente que desciende desde el Trocadero hasta el Sena (en la parte izquierda de su tramo final), era un pabellón de reducidas dimensiones, ligero y transparente, que evidenciaba su presencia incluso a despecho de las grandes construcciones vecinas, entre las que, como siempre, destacaba el imponente encaje metálico de la Torre Eiffel. Muy próximo al tenso diálogo político que, frente a frente, entablaban los grandilocuentes pabellones de la Unión Soviética y la Alemania nazi y a pesar de asumir sin complejos su propia condición de máquina de agitación y propaganda, aquel pequeño edificio desplegaba una personalidad serena y moderna que asombró al mundo.

José Luis Sert y Luis Lacasa, arquitectos del pabellón, lo concibieron para que, simultáneamente, exhibiera sus verdades constructivas, se mostrase como versátil contenedor-soporte de una iconografía continuamente renovada y comunicara con elocuencia buena parte de los fundamentos estéticos e identidades lingüísticas del movimiento moderno. Nada en aquel edificio escondía ante al espectador su condición funcional; ni en lo que se refiere a los elementos arquitectónicos ni en lo icónico, ya que incluso la esquina derecha de su fachada se configuraba como soporte para la rotación de grandes carteles-fotomontaje alusivos tanto a la circunstancia bélica como a la realidad económica, cultural e incluso etnográfica de la España republicana. Un sistema de comunicación visual que, también en continua renovación, constituiría buena parte del mutable contenido interior del pabellón a lo largo de su corta pero intensa existencia.

Esta ingente cantidad de fotomontajes-cartel que abastecieron figurativamente el edificio hasta transformarlo en arquitectura parlante muestran, incluso ante la mirada estética del presente, una extraordinaria modernidad. Fueron confeccionados por un equipo que dirigía el propio José Renau, integrado por los cartelistas Gori Muñoz y Félix Alonso y los pintores Javier Colmena y Francisco Galicia.

Pero además de su capacidad mediática como herramienta *agit-prop*, el pabellón español integró en diálogo con su arquitectura un puñado de obras que hoy consideramos estrellas del arte contemporáneo universal. Delante de la fachada y frente al ángulo de los carteles-fotomontaje, se situaba la «escultura-tótem» del edificio. Serpenteando hacia la carnosa estrella de cinco puntas que coronaba un vertical biomorfismo plagado de incisiones y orificios sígnicos, allí se erigía *El pueblo español tiene un camino que*

El pueblo español tiene un camino que conduce a una estrella *(1937)* de Alberto, emplazado ante la fachada del pabellón.
Foto Kollar.

conduce a una estrella. Este monolito de cemento de 11 m de altura (hoy reproducido como facsímil frente la fachada del Museo Nacional Centro de Arte Reina Sofía), que había sido realizado expresamente por el escultor Alberto como emblema del pabellón, constituía la máxima expresión escultórica de la vanguardia que se había desarrollado en España. En ella se daban cita el compromiso político frontal y el momento más maduro de las investigaciones formales fruto de la llamada «poética de Vallecas», una experiencia que implicó a multitud de poetas y artistas y que, desde principios de los años treinta, había logrado configurar en España un lenguaje visual de modernidad asociada a una identi-

Vista del interior del pabellón con esculturas de Picasso
y dibujos de diversos autores.
Foto Roness-Ruan.

Vista del pórtico cubierto con el Guernica *de Picasso*
y la Fuente de mercurio *de Calder.*
Foto Kollar.

dad ancestral, agrícola e incluso al aliento proletario de los paisajes suburbiales. Con un lenguaje escultórico similar al del monolito, Alberto diseñó también las estanterías interiores en las que se mostraban objetos propios de las artes populares que él mismo seleccionó e instaló.

Circundando el pabellón podían verse otras esculturas importantes. De Picasso, la *Dama oferente* y una *Cabeza de mujer*, realizadas en Boisgeloup en 1933 y 1931 respectivamente y vaciadas en cemento expresamente para la ocasión (otra *Cabeza de mujer*, un *Busto de mujer* y una *Bañista*, también realizadas en Boisgeloup en 1931, se situaban en diversos lugares del interior del pabellón). Emplazada junto a la escalera de acceso se encontraba también la escultura que Julio González había realizado para el pabellón, recuperando una figuración realista cargada de fuerte contenido político: *La Montserrat*. En otros puntos del exterior, dos esculturas de Pérez Mateo (*Oso* y *Bañista*) refrendaban la apuesta de una parte del moderno arte español por los realismos de nuevo cuño que se habían generalizado en Europa desde mediados de los veinte.

Ya en el interior, la arquitectura dialogaba con otro conjunto de obras maestras. Al entrar en el pórtico cubierto de la planta baja, centrando un espacio que permanecía en contacto visual con el exterior, el visitante se encontraba con la *Fuente de mercurio* de Calder, un móvil accionado por el deslizamiento gravitatorio del líquido metal, cuyo significado simbólico aludía tanto a la tradi-

ción legendaria de los estanques de azogue de Medina Azahara como al potencial minero de Almadén, entonces económicamente muy significativo.

Por fin, cubriendo buena parte del muro de la derecha: el *Guernica*. El mural de Picasso ofrecía al mundo varias lecciones: cómo la referencia a algo tan concreto como el bombardeo de la localidad vasca por la aviación nazi podía convertirse en un razonamiento universal sobre la crueldad y la violencia; cómo un cartel de propaganda política explícita podía llegar a albergar la suma-colofón de casi medio siglo de investigaciones formales; cómo las habituales dicotomías maniqueas que sirven de base a la estética de la propaganda podían ser sustituidas por una propuesta dialéctica, tan lúcida como la que Goya ya empleara en los albores de nuestra modernidad para confeccionar sus obras sobre la guerra; cómo incluso lo que se construye sobre presupuestos de urgencia podía llegar a destilar los rasgos de lo clásico que han mantenido al cuadro estéticamente operativo hasta nuestros días... El *Guernica* nos ha legado además todo un universo de dibujos, bocetos, estados de elaboración y obras satélites que nos hablan del especialísimo empeño que puso en él su creador.

En la pared frontal de la caja de escalera que unía las dos plantas superiores se encontraba el gran mural de Miró *El campesino catalán en revolución* (hoy en paradero desconocido). A lo largo de los años treinta el lenguaje de Miró, sensible a la creciente tensión política y social en que se debatía el escenario europeo, había mostrado síntomas de una expresividad dramática capaz de extrapolar su habitual magicismo inefable hacia una estética del desagrado, lo doloroso y la crueldad. Los documentos fotográficos nos muestran que el mural del pabellón exacerbaba esta tendencia, dotándola para la ocasión de señas de identidad política muy precisas.

Al margen de las obras mencionadas, Picasso y Miró aportaron otras contribuciones visuales, como fueron las dos planchas de grabados *Sueño y mentira de Franco*, el primero, y *Aidez l'Espagne (Ayudad a España)*, sello-cartel diseñado para ayudar a la causa republicana, el segundo.

Pero además de proponer este diálogo entre arte y arquitectura, el pabellón sirvió como espacio expositivo genérico. A lo largo del tiempo en que permaneció erigido, en su segunda planta fueron sucediéndose instalaciones sucesivas de una gran cantidad de pintura y escultura de artistas españoles. La lista es dilatada y todavía no ha sido terminada de fijar definitivamente por la historiografía. En ella figuran nombres de escultores, pintores o caricaturistas españoles contemporáneos, entonces ya consagrados, junto a otros menos conocidos o que acababan de incorporarse a la actividad plástica.

Al margen de los ya mencionados, en el pabellón se expusieron los trabajos de Ángeles Ortiz, Arteta, José Arrúe, Antonio Ballester, Bardasano, Barral, Bartolozzi, Benlliure, Bonafé, Carreño, Ciruelos, Climent, Costa, Echevarría, Ferrer, Flores, José García Narezo, Gaya, Helios Gómez, Mateos, Ginés Parra, Pelegrín, Pérez Contell, Pérez Mateo, Perceval, Gregorio Prieto, Miguel Prieto, Puyol, Rodríguez Luna, Solana, Souto, Tellaeche, Eduardo Vicente, Valentín de Zubiaurre, entre los de otros artistas menos significativos (todavía está por determinar la participación de Vázquez Díaz o del resto de los artistas de la llamada «escuela de París»).

Tanto este amplísimo abanico de nombres como el conjunto de obras expuestas que hasta este momento conocemos hablan de cierto talante «panorámico» en la selección, seguramente fruto de una confluencia de criterios entre los diversos sectores responsables de organizar el pabellón (Comisariado del pabellón, Delegaciones de la Dirección General de Bellas Artes en Madrid y Valencia o responsables de la Generalitat de Cataluña y del gobierno vasco). Una confluencia que, en cierto modo, servía para sobrevolar las posiciones excesivamente precisas o rígidas que habían caracterizado los intensos y complejos debates sobre las relaciones entre investigación formal y compromiso social del artis-

Fotomontaje reivindicando el papel activo de la mujer española.
Foto Kollar.

ta que habían tenido lugar en la España republicana.

En cualquier caso, aunque en el pabellón figuraron obras realizadas años antes y completamente ajenas a la circunstancia de la guerra (Arrúe, Zubiaurre, Tellaeche, Benlliure, Gregorio Prieto, la mayor parte de los cuadros de Solana o las esculturas de Barral y Pérez Mateo, ambos muertos en el frente durante el año anterior), el grueso de la obra allí expuesta giraba semántica y formalmente en torno a la coyuntura histórica que estaba sacudiendo España. Sin embargo, a excepción de las sátiras y caricaturas o de los carteles, fieles a su propia identidad como instrumentos de agitación y propaganda, en una abrumadora mayoría de los cuadros y esculturas prácticamente no hubo exaltaciones del heroismo del propio bando ni personificaciones del contrario como ente maligno.

Fotomontaje sobre la orfandad como lacra de la guerra.
Foto Kollar.

En general, los argumentos de las obras tendieron a asociar la circunstancia bélica con el horror, el sufrimiento de los inocentes y el rechazo a una guerra que la República no había promovido. Heredera igualmente de Goya, esta mirada sobre la guerra entendida como circunstancia desgraciada en la que naufragan la razón y el sentimiento, fue entendida también como mirada donde naufraga la belleza. De hecho, la mayor parte de los artistas ensuciaron sus paletas, acercaron sus formas a lo grotesco o a lo monstruoso o generaron un clima de desasosiego que expresaba la naturaleza absolutamente odiosa de aquella circunstancia histórica. Basta para ello comparar las obras que presentaron artistas como Climent, Rodríguez Luna, Eduardo Vicente, Arteta, Ferrer, Bonafé, Ángeles Ortiz, Pelegrín, o Gaya con las que habían realizado antes del conflicto.

Mientras el pabellón republicano lanzaba ante los ojos del planeta este ejemplar manifiesto contra la crueldad y la violencia, la presencia del bando rebelde se concentraba a pocos metros de distancia en el pabellón del Vaticano, cuyo altar fue pintado por José María Sert con un argumento políticamente muy significativo «Intercesión de Santa Teresa en la Guerra Civil española». Al año siguiente, el bando rebelde participó también en la XXI

Bienal de Venecia, acogido por el gobierno de la Italia fascista. En esta representación artística de la España «nacional», cuyo comisario fue Eugenio D'Ors, se encontraban entre otros los pintores Zuloaga, Pruna, Sotomayor, Togores, Aguiar y Gustavo de Maeztu, y los escultores Pérez Comendador y Quintín de Torre.

El arte en guerra

Aunque constituye su joya más visible, el pabellón español de París de 1937 no fue sino la punta del iceberg de una importantísima actividad cultural y artística que se extendió a lo largo de todo el conflicto. De entre la abundante bibliografía sobre el arte en la guerra civil española cabe destacar dos obras que continúan siendo de referencia y es obligado citar aquí: el libro de Miguel A. Gamonal *Arte y política en la Guerra Civil española. El caso republicano* (Granada, 1987. Diputación Provincial) y el catálogo de la exposición «Pabellón español en la Exposición de París», 1937 (Madrid, 1987, Ministerio de Cultura, comisaria Josefina Alix). También es importante la aportación de los capítulos finales del libro de Arturo Madrigal *Arte y compromiso. España 1917-1936* (Madrid, 2003, F. Anselmo Lorenzo, pp. 269-394).

La guerra civil supuso un corte radical, un paréntesis histórico en cuyo interior la institución del arte, las formas, funciones y personas que en torno a él giraban transmutaron provisionalmente sus identidades. Junto a horizontes estéticos e ideológicos que hubieran podido dialogar o combatir entre sí durante los años inmediatamente anteriores, la urgencia histórica imponía ahora instancias de agitación y propaganda. Como hemos sugerido en el preámbulo, estos nuevos horizontes de la praxis artística, marcados por una naturaleza limitada en el tiempo, se transformaban también en el gálibo de su propia legitimidad y grandeza. Lo esencial y lo contingente pasaban, pues, a coexistir sobre el hilo frágil de los acontecimientos. El arte y la acción pura compartían ahora referencias o se amalgamaban entre sí bajo el fragor del instante común. Por ello, junto al cuadro y la escultura, fueron también el cartel, el pasquín, el periódico ilustrado, la caricatura o el mural efímero los que tejieron las nervaduras de un territorio de comunicación visual común. Por razones análogas, el perfil del artista y el del agitador intercambiaron sus adjetivos definidores con reiterada frecuencia.

Sin embargo, la cultura de la guerra civil española fue capaz de albergar y mostrar al mundo uno de los más sobrecogedores

Rodríguez Luna: fragmento de Bombardeo de Barcelona *(1937).*

Miguel Prieto: Retaguardia de octubre *(1934).*

esfuerzos por mantener la lucidez del pensamiento en tiempos difíciles. A despecho del ruido alienador de los combates, aún se tuvo la honestidad de debatir públicamente sobre la legitimidad de opciones intelectuales contrapuestas: defensa de un compromiso político disciplinado del hacer cultural *versus* comportamiento cultural independiente del devenir cotidiano.

A este respecto, cabe resaltar un par de importantes polémicas de entre las muchas que tuvieron lugar durante la guerra, debates que heredaban directamente problemáticas de los años treinta (por ejemplo, las que se habían hecho manifiestas en revistas como *Orto*, *Octubre*, *Gaceta de Arte* o *Nueva Cultura*). La primera cobró cuerpo tras la «Ponencia colectiva» que se leyó en Valencia el 10 de julio 1937, en el Congreso Internacional de Escritores Antifascistas (firmada por Sánchez Barbudo, Serrano Plaja, Aparicio, Gaos, Souto, Prados, E. Vicente, Gil Albert, Herrera Peter, Varela, Miguel Hernández, Miguel Prieto y Gaya) y en ella se abogaba por un arte cuyo compromiso no se agotara en el de la mera propaganda. La segunda tuvo su epicentro en las páginas de la revista *Hora de España*, en los textos cruzados de Ramón Gaya y Juan Gil Albert («Cartas bajo un mismo techo» [n.º 6, VI-1937]), que implicaban dos maneras de matizar la andadura del compromiso político de la cultura. Esta última venía precedida por una polémica Gaya-Renau en la misma revista (Gaya, R.: «Carta de un pintor a un cartelista» [I-1937]; Renau, J.: «Contestación a Ramón Gaya» [II-1937]; Gaya, R.: «Contestación a J. Renau» [III-1937]).

Asombra el volumen de actividad cultural y artística que se puso en marcha durante la guerra civil, sobre todo entre quienes se mantuvieron fieles a la República ya que, aunque la política cultural de ésta ha sido más ampliamente estudiada que aquella que tuvo lugar en la zona ocupada por los sublevados, lo cierto es que la superioridad de la primera resulta, a todas luces, innegable.

Los responsables de cultura del gobierno legítimo fueron varios a lo largo del conflicto. De julio a septiembre de 1936 fue ministro de Instrucción Pública el institucionista Domingo Barnés, con Ricardo Orueta como director general de Bellas Artes. Entre septiembre de 1936 y abril de 1938 lo fue el comunista Jesús Hernández, que tuvo a Wenceslao Roces como subsecretario. Entre abril de 1938 y marzo de 1939 fue ministro el anarquista-negrinista Segundo Blanco (con Juan Puig-Elías como subscretario).

De los tres ministerios de Instrucción Pública republicanos que se sucedieron durante el período bélico, el más activo fue sin duda el presidido por Jesús Hernández. Desde el principio, supo aprovechar la inercia cultural generada por la Alianza de Intelectuales para la Defensa de la Cultura (AIDC). Creada el 31de julio de 1936, la AIDC aglutinaba la UEAP (Unión de Escritores y Artistas Proletarios) y la AEAR (Asociación de Escritores Revolucionarios) e incorporaba a muchos intelectuales independientes. Entre 1936 y 1939, la AIDC publicó el semanario *El mono azul*, entre cuyos colaboradores cabe mencionar a Alberti (promotor fundamental), Cernuda, Gil-Albert, Octavio Paz, Neruda, Machado, Sánchez Barbudo, Sender, César Vallejo, Miguel Hernández y artistas

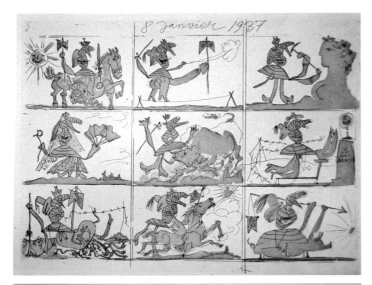

Picasso: Sueño y mentira de Franco *(I y II) (1937).*

Picasso: Cabeza de mujer llorando con pañuelo *(13-X-1937).*

como Prieto, Rodríguez Luna, Souto, Maroto, Eduardo Vicente y Alberto. La AIDC también había editado un número único del periódico cultural *El buque rojo* (Valencia, 3-XII-1936). El ministerio de Hernández también supo aprovechar la inercia de *Altavoz del frente*, un órgano de agitación muy próximo al Partido Comunista, en cuya sección de plástica trabajaban Puyol y Mateos.

Entre septiembre de 1936 y abril de 1938, este ministerio (cuyo aparato burocrático se trasladó a Valencia en noviembre de 1936, paralelamente a la evacuación a la ciudad del Turia de gran parte de los intelectuales y artistas que residían en Madrid) desarrolló una actividad organizativa espectacular, con Renau como director general de Bellas Artes (asistido por los pintores Pérez Rubio y Fernández Balbuena): Picasso fue nombrado director honorario del Museo del Prado; se creó una poderosa Sección de Propaganda y se asumieron las funciones de las Misiones Pedagógicas; se disolvió la Academia de Bellas Artes, sustituyéndola por un Consejo Nacional de Cultura y un Instituto Nacional de Cultura (aunque fueron organismos con una vida muy corta); se crearon las Milicias de la Cultura (30-I-1937) y las Comisiones de Artes Plásticas (VI-1937); se convocaron Concursos Nacionales de Artes Plásticas (el primero en julio de 1937); se organizaron varias exposiciones oficiales en España y el extranjero (en el verano

Puyol: Descanso en el frente *(1937).*

Eduardo Vicente: Milicianos de guardia *(1937).*

de 1937 se organizó en Madrid y Valencia la exposición «Cien años de arte revolucionario mexicano»; exposiciones «de guerra» en Moscú (XII-1936) y Bruselas (V-1937); exposiciones de arte contemporáneo en Pittsburgh, Malmoe y Bogotá...); se reunió el mencionado Congreso Internacional de Escritores Antifascistas en Defensa de la Cultura (Valencia, VII-1937)... pero, sobre todo, se puso en marcha la organización del Pabellón Español en la Exposición Internacional de París de 1937, al que ya nos hemos referido ampliamente.

Paralelamente a la actividad del gobierno central, la Generalitat de Catalunya puso en marcha, entre otros, un Comisariat de Propaganda, un Consell Superior de Belles Arts, un Servei de Cultura al Front, una Junta d'Exposicions d'Art a Catalunya, un Casal de la Cultura.

Más o menos coordinadas con la acción de los aparatos del poder político, tuvieron una importancia fundamental en la cultura del período bélico organizaciones como el Sindicato de Dibujantes Profesionales de Madrid y su homónimo de Barcelona (Sindicat de Dibuixants Professionals de Barcelona), los Escritores Galegos Antifeixistas, la Asociación de Bellas Artes de la FUE, la valenciana Aliança d'Intel·lectuals per a Defensa de la Cultura (fruto de la fusión, en enero de 1937, de la UEAP y Acció D'Art), o el taller madrileño La Gallofa.

También fueron plataformas de difusión cultural especialmente activas un buen número de revistas culturales que a lo largo de la guerra supieron mantener el vigor del pensamiento y la sensibilidad mucho más allá de lo que las circunstancias permitían: la ya citada *El mono azul*, las valencianas *Hora de España* y *Nueva Cultura*, las madrileñas *Madrid. Cuadernos de la Casa de Cultura*, *Comisario*, *Cuadernos de Madrid* y el *Boletín de Cultura*.

En el ámbito de la comunicación de masas, cumplieron un papel clave los numerosos álbumes de dibujos de tema bélico publicados durante el conflicto, la ilustración de las diversas revistas y los carteles de propaganda. En álbumes y revistas participaron pintores y dibujantes como Castelao, Arteta, Rodríguez Luna, Sim, Germán Horacio, Desmarvil, Creixams, Martí Bas, Clavé, Gori Muñoz, Souto, Ferrer, Maroto, Maside, Gumsay, Yes, Gastelu Machu, Bardasano, Mateos, Baltasar Lobo, Martínez de León, García Narezo, Pitti Bartolozzi, Miciano, E. Vicente, Servando del Pilar, Puyol, M. Prieto, entre otros.

En cuanto a los carteles, la lista se amplía aún más y evidencia la magnitud del aparato formal que lograron desplegar, sin duda el más extenso y característico dentro del imaginario visual del conflicto. La presente exposición muestra sólo una parte de este verdadero océano de comunicación visual.

Capítulo aparte lo forma el dispositivo plástico que puso en marcha la actividad teatral. Para tener una idea de la importancia de este aspecto de nuestra plástica bélica, basta mencionar la labor desarrollada en este campo por Alberto. Por su acreditada condición de escenógrafo curtido en el teatro ambulante La Ba-

Ferrer: 1937 (Los aviones negros) *(1937).*

Pelegrín: Evacuación y defensa del norte *(1937).*

rraca, durante su estancia como refugiado en Valencia se le encargaron decorados para la *Numancia* de Cervantes y para *El triunfo de las Germanías* de Manuel Altolaguirre y José Bergamín, obra esta última patrocinada por el Ministerio de Instrucción Pública y estrenada en Valencia a principios de 1937.

Epílogo sobre una guerra que no terminaba de terminar

El exilio fue un doloroso destino para muchos de los artistas que habían participado en la gran empresa cultural que se puso en marcha durante la guerra civil. Tanto el exilio exterior como el interior, tan duro o más que el primero. La estética que había ido cristalizando durante los años del conflicto no lograría dejar más que pequeños y borrosos vestigios sobre los amargos caminos del transterramiento o en el interior de los que quedaron física o mentalmente confinados en España. Y es que, en realidad, un paisaje de ruinas, rejas y liturgias sustituía ahora el escenario en que se había producido dicha cultura; a veces también un melancólico paisaje de amnesia.

Como he sugerido al principio, cuando contemplamos las obras que colgaron en el Pabellón Eduardo Vicente, Climent, Antoni Costa, Horacio Ferrer, García Narezo, Gaya, Helios Gómez, Mateos, Pelegrín, Miguel Prieto, Souto, Puyol, Arteta, Ángeles Ortiz, o Rodríguez Luna, nos cuesta reconocer lo que estos mismos artistas habían realizado antes de 1936. Pues bien, mucho más difícil resulta relacionarlas con lo que producirían una vez terminada la guerra civil quienes sufrieron este desventurado destino de diáspora. En cuanto al arte que se estaba haciendo en España, habría que esperar por lo menos hasta el inicio de la década de los sesenta para volver a detectar síntomas de un compromiso social y político con la talla que había demostrado en nuestra cultura artística de los años treinta. Pero esta última situación, sus causas y sus transformaciones pertenecen ya a otro momento de nuestra historia.

PERE CATALÀ PIC

Barcelona, 1938

Aplastemos el fascismo

EL DISEÑO DEL CARTEL DE GUERRA EN ESPAÑA

Enric Satué

La selección de piezas de esta exposición se ha hecho sobre un fondo que, a estas alturas, puede considerarse de lujo. Nada menos que mil carteles de la guerra civil española editados principalmente por los Ministerios de Propaganda, Guerra, Instrucción Pública y Bellas Artes, la Federación Socialista Madrileña, organizaciones sindicales, organismos internacionales y asociaciones de todo tipo creadas durante la guerra y, muy especialmente, por la Junta Delegada de Defensa, en las mil y una peripecias del sitio de Madrid.

En consecuencia, el fondo permite establecer un inventario exhaustivo, hasta ahora inédito, sobre todo del cartelismo de guerra madrileño, en el que destaca la aportación de José Luis Bardasano –un pintor de factura académica aplicado al cartelismo figurativo–, presente con más de una docena de excelentes piezas. También están representados diseñadores de pura cepa como Mauricio Amster y Emeterio Ruiz Melendreras, con cerca de una decena cada uno, cantidad que comparten con el catalán Amado Oliver y el valenciano José Espert –ambos establecidos en Madrid y procedentes del sector comercial y publicitario, como Melendreras– y los madrileños Parrilla, Babiano, Briones, Pedrero, Cantos, Fergui, Girón y algunos más, entre ellos el algecireño Ramón Puyol o el catalán afincado Luis Bagaría, sobresaliendo de entre una legión de cartelistas voluntarios –y *amateurs*– unificados por el anonimato.

Esa constelación de carteles y cartelistas madrileños eclipsa, en parte, la aportación de valencianos y catalanes, decisiva en el cartelismo de nuestra guerra y en la innovación de su diseño. Por ejemplo, el paradigma de la década –«el señor de los carteles», como podría llamarse en el lenguaje mediático actual– fue el valenciano Josep Renau, a quien representan cinco escasos carteles. Sus paisanos Arturo Ballester, Vicente Ballester Marco, José Monleón, Rafael Raga y Vicente Canet, bregados también en cien batallas cartelísticas, participan en la selección con un cartel cada uno.

Con todo, la participación catalana es la menos numerosa. Uno de los grandes del cartelismo de guerra en Cataluña, y sin duda el más prolífico dada su influencia en el Sindicato de Dibujantes, fue Martí Bas, y no figura en la muestra. Otro de los imprescindibles, Lorenzo Goñi, aporta uno (eso sí, el más significativo de cuantos diseñó, como el de Jacint Bofarull), mientras Pere Català Pic, Carles Fontseré, Carles Solà, José Morell o Badia Vilató, están ausentes.

El hecho de que la crítica internacional del diseño haya consensuado ciertos carteles –y con ellos a sus correspondientes cartelistas– como arquetipos sistemáticos de aquella espléndida producción marcada por la emergencia y el *amateurismo*, casi obliga a consignar en este artículo los nombres y la obra de algunos de los más ilustres ausentes de esa sin par muestra.

Naturalmente, esa crítica internacional ha reparado también en la calidad de la imagen y el diseño de determinados carteles anónimos, generalmente fotomontajes de muy buena factura y de un notable impacto visual, bien representados en la exposición. Ejemplos eméritos serían la serie realizada con motivo de la masacre civil que supuso el bombardeo de Guernica a cargo de la aviación alemana, concentrada en las imágenes sobrecogedoras de inocentes víctimas infantiles, o el célebre *Que fais-tu pour empêcher cela? (¿Qué haces tú para impedir esto?)* —o ¿*What are you doing to prevent this?* de la versión inglesa—, editado en 1937 por el Ministerio de Propaganda de Madrid.

Junto a ellos, figuran en la colección algunos *collages* fotográficos igualmente anónimos, y casi inéditos, que representan ejercicios compositivos de un gran interés plástico. Uno de ellos, dedicado a la mujer y la guerra, consiste en la composición a gran formato (130 × 90 cm) de una treintena de fotografías dispuestas con un atrevimiento inesperado en un *amateur* desconocido, y otro, editado en 1937 por el sindicato metalúrgico madrileño

El Baluarte, reúne las condiciones de los mejores fotomontajes soviéticos constructivistas en los que tanto destacó en nuestro país el maestro Renau.

Como muestra del variopinto voluntariado cartelístico, y también como cándida ilustración a la libertad de acción de los cartelistas –tanto por lo que afecta a la forma como al contenido– que ha señalado con acierto la crítica internacional, la colección conserva un cartel verdaderamente enternecedor, que sin duda hará las delicias de los numerosos aficionados al primitivismo en el diseño. Un cartel anónimo -y naif en grado superlativo-, que contiene en la palabra-consigna del titular un error ortográfico de bulto: «Alistémosnos».

En fin, lo que la exposición demuestra generosamente es que cuando «la independencia patria necesitaba 100.000 voluntarios para el ejército popular», como rezaba el titular de uno de los carteles, la República los tuvo. Del mismo modo, cuando necesitaba 50.000 voluntarios fortificadores para la defensa de Madrid, los tuvo. Cuando necesitaba 35.000 voluntarios extranjeros, los tuvo en las Brigadas Internacionales. Así pues, no es de extrañar que cuando necesitaba 100 cartelistas voluntarios combatientes, los tuviera también. De modo que, si se tratara de obtener 10 obras maestras del diseño de carteles de guerra, el gobierno legalmente constituido de la República los tuvo, con creces, en *Aplastemos el fascismo* (Català Pic), *El Comisario* (Renau), *En las colonias escolares* (Amster), *Frente popular* (Bas), *¿Y tú, qué has hecho por la victoria?* (Goñi), *¿Qué haces tú para impedir esto?* —o el *¿What are you doing to prevent this?* de la versión inglesa— (anónimo), *Loor a los héroes* (Ballester), *¡Más hombres! ¡Más armas! ¡Más municiones!* (Solà), *Ganar la guerra* (Bardasano) y *La FAI* o *Tierra y Libertad* (Les Barquet o Camps, componentes ambos del interesantísimo y vanguardista colectivo barcelonés Arte Libre).

Eso, naturalmente, dejando fuera de concurso el impresionante *pochoir* de Joan Miró *Aidez l'Espagne (Ayuda a España)*, que ya cuenta con su pedestal propio en la historia del arte.

La revolución del diseño gráfico de antes de la guerra

El diseño gráfico de la década republicana española, ciertamente prodigiosa, alcanzó enseguida un nivel experimental y una formalización vanguardista asombrosos, posiblemente insuperables, del que los carteles de guerra fueron tan sólo la guinda final. En efecto, a partir del 14 de abril de 1931, el experimentalismo

Anónimo

Madrid, 1937

Mujeres

como actitud y la vanguardia como lenguaje estuvieron presentes en los soportes más característicos del diseño gráfico popular. Por ejemplo, en un país con un 50% de analfabetos, las cajetillas de los cigarrillos más vendidos (Ideales, Elegantes), los envases de jabón para la colada y la higiene corporal más comunes (Azul Montserrat, Sopón) los envoltorios de caramelos y mantequillas más familiares (Darlins, SAM), los recipientes de yogur más domésticos (Danone), los productos farmacéuticos y cosméticos más generales (Bilfort, Citronitrina, Gaudol), las etiquetas de cerveza (Famosa), naranjas (Oké), vino, licores (Ponche Talavera, Anís Infernal) y espumosos (Parxet) más vulgares, los productos para el afeitado más cotidianos (Hojas Barcelona, jabón en barra Renaud Germain) y los perfumes y colonias más

CARLES VIVES
Barcelona, 1933
Paquete de cigarrillos *Ideales*

diseño la llevó a cabo gente muy joven: cuando la proclamación de la República, el 14 de abril de 1931, Carles Fontseré tenía quince años; Antoni Clavé, dieciocho; José Luis Bardasano, Ricard Giralt Miracle, Salvador Ortiga y Luis Seoane, veintiuno; Mauricio Amster, veintidós; Mariano Rawicz, veintitrés; Ramón Puyol y Josep Renau, veinticuatro; Enric Crous-Vidal, veintiocho; Josep Sala, veintinueve; y los más maduros, como Pere Català Pic, treinta y dos.

Sin duda, hubo excesos y precipitación en las reformas políticas, económicas y sociales programadas, pero en aquel contexto social en estado revolucionario la asunción de la modernidad parecía darse como una más de las reformas progresistas que hacían borrón y cuenta nueva con todo lo anterior. Por supuesto, eso es íntegramente aplicable al diseño de la época, porque muy pocas veces el diseño y la sociedad han andado tan al paso. Quizá sabiendo muy bien de qué hablaba, y lejos de la frivolidad que pueda transmitir la frase hoy, fuera de contexto, un fotógrafo de la época definió la guerra civil española como algo plenamente estético: «La más fotogénica nunca vista».

La producción de carteles en la guerra civil

El soporte popular, con el entusiasmo y el espíritu de sacrificio que acumuló la Segunda República española, parecía formar parte de una comunión revolucionaria, como señaló el escritor Gerald Brenan. De un lado, la esperanza de compartir un proyecto de Estado ideal proporcionó la energía necesaria y, de otro, esa generosa convicción se trocó, llegado el momento, en furia indomable por defenderla al precio de la vida. Con razón ha sido llamada «la guerra de las pasiones» y por eso también hubo una lucha encarnizada en el diseño casi sin oposición para el bando republicano –que en este campo sencillamente arrasó– que osamos llamar «la guerra de los carteles».

Fue la consecuencia de una colisión inesperada: la catástrofe de la guerra civil y la espontánea aparición de cartelistas que llevaron a cabo una obra descomunal, heterogénea e irregular, sin precedentes en el mundo. Carteles en toda su diversidad temática (bélica, ideológica, cultural, económica, social, industrial y agraria) que constituyeron una dramática oportunidad para la mayoría de autores de convertirse en cartelistas tras un ejercicio compulsivo realizado de forma autodidacta las más de las veces, consigna tras consigna.

ordinarios (Cocaína, Maderas de Oriente), fueron difundidos indiscriminadamente con las técnicas gráficas más revolucionarias del momento.

En este sentido, puede decirse que la única vanguardia artística en el mundo que enseguida fue del dominio público fue la española. Al poeta Joan Brossa, combatiente en la guerra civil y a quien la palabra vanguardia no le gustaba porque tenía para él un significado militar, le colgaron el sambenito de vanguardista durante cincuenta largos años. Él decía que «se limitaba a ser un hombre de su tiempo», empresa ciertamente difícil, ayer y hoy. De un modo semejante, el diseño gráfico español de los años treinta se limitó a acompañar la formidable ruptura social que se produjo en España y con su impertinente experimentalismo fue a un tiempo vanguardista y popular, desempeñando una función social y estética tan benéfica como insólita.

De hecho, aquellas imágenes rupturistas ilustraron a la perfección lo que Ortega y Gasset llamó «un proyecto colectivo sugestivo». En efecto, la energía positiva que emanó de la sociedad española fue de tal intensidad que el diseño llamado de vanguardia brotó con fluidez de fuentes muchas veces anónimas y de jóvenes poco diestros en la profesión. Aquella revolución del

Vencer las reticencias de los pocos profesionales que había no fue nada fácil, como nos recuerda el cartelista contemporáneo Fontseré en *Memòries d'un cartellista català (1931-1939):* «La puesta en práctica de nuevos proyectos abrió nuevas oportunidades a un mayor número de profesionales, pero la política de puertas abiertas que se practicaba en el taller colectivo del sindicato no gustaba a todos. Martí Bas, que siempre estaba alerta –encargo que llegaba al sindicato, cartel que ejecutaba Martí Bas– fue el primero en protestar. Con la punta del cigarrillo pegada a los labios, el humo del cual le obligaba a acentuar su eterna expresión de malcarado, se quejó de que se repartiera trabajo a los recién llegados».

Pero no sólo había recién llegados. Hay que reconocer que un primer puñado de ilustradores de cubiertas de libros y revistas de los años veinte ya se habían animado a combinar ilustraciones y tipografías con un sentido compositivo original y moderno, dirigido sin complejos a una audiencia que ostentaba el tristísimo récord de un analfabeto por cada dos ciudadanos. Si aquellos fueron los años del art-déco –una divulgación superficial del cubismo vanguardista y hermético que inventaron Picasso, Braque y Gris–, los treinta fueron los de la aplicación de hallazgos expresivos conocidos en el campo del diseño y la fotografía como «la nueva tipografía» y la «nueva objetividad», respectivamente. El esfuerzo por difundir imágenes de consumo experimentales, reservadas en primera instancia a públicos cultivados, resulta más conmovedor, si cabe, si consideramos que esas sofisticadas tendencias fueron manejadas –hábilmente además– por ilustradores casi *amateurs:* Tono, Riu, Alonso, Delgado, Monleón, Bartolozzi, Mora, Arribas, Duce y Faber participaron humildemente, con lo mejor de su potencial creativo y técnico, en el proyecto de modernización de un país terriblemente atrasado.

Tras este precedente, la obra cartelística de Renau, Goñi, Martí Bas, Ballester, Lau Miralles, Bofarull, Fontseré, Morales, Amster, Horacio, Solà, Bardasano, Parrilla, Oliver, García Escribà, Badia Vilató –por citar sólo unos pocos–, fue suficiente para conquistar un lugar de honor en el concierto internacional del cartelismo de todos los tiempos. Y eso lo consiguieron unos jóvenes imberbes, muchos de los cuales no habían diseñado jamás un cartel, pero se pusieron a la tarea incondicionalmente, como si les fuera en ello la vida. Para alguno, como Català Pic, uno solo bastó para inmortalizarle (André Malraux sentenció que «fue el cartel de guerra más famoso de la historia»), y al jovencito Fontseré le cupo el ho-

LORENZO GOÑI
Barcelona, 1938
Y tú, ¿qué has hecho por la victoria?

nor de ser el autor del primer cartel de guerra que se pegó a los muros de las calles de Barcelona.

Una síntesis de los mejores carteles de guerra

Para un diseñador joven, todavía inexperto, aquello debió de ser el delirio. A pesar del control remoto que ejercían las asociaciones sindicales anarquistas e izquierdistas en las que se encuadraron los cartelistas, el margen de libertad individual fue tan amplio que permitió, entre otras cosas, que cartelistas tránsfugas como José

MARTÍ BAS
Barcelona, 1938
Frente Popular

Morell y Francisco Ribera diseñaran, sucesivamente, carteles republicanos y «nacionales». En opinión de los coleccionistas de carteles Robert Chisholm y Lucas Prats, «desde el principio los artistas actuaron con absoluta libertad, sin los condicionantes burocráticos de las organizaciones que coartan las individualidades. Cada artista pintaba o dibujaba como le parecía mejor; por eso los carteles expresaban tanta espontaneidad en la imagen como en el texto».

Para libertades, las que se tomó Pere Català Pic. La condición vanguardista de un cartel de guerra tal vez alcance con él las cotas más altas, aunque el resultado no fuera del todo premeditado. Sencillamente, el fotógrafo se planteó el lema *Aplastemos el fascismo* tan literalmente que el lenguaje visual hizo innecesario el escrito. Debe de ser uno de los poquísimos carteles de la historia

sin una palabra rotulada (si es que hay alguno), bastando eso para consagrar a Català Pic como cartelista y al cartel como el más famoso de la historia del cartel de guerra, en la emocionada apreciación de André Malraux.

Según el maestro de fotógrafos Francesc Català Roca (hijo y asistente del autor de ese sublime cartel fotográfico) la realización de original tan trascendente no revistió ninguna solemnidad especial: una madrugada, frente al edificio de Capitanía General de Cataluña, en la esquina de la Rambla con la avenida de Colón, el jovencito Català Roca echaba cubos de agua sobre el adoquinado –para darle al suelo un brillo expresionista– mientras su padre ataba los cordones de la alpargata reglamentaria al modelo (un miembro del cuerpo de los Mossos d'Esquadra con su calzado oficial), cuya pierna sostenía meticulosamente a unos pocos centímetros de la cruz gamada formada con barro sin cocer, ante la instantánea inmortal. ¡Clic!

Quizá no sea exactamente vanguardista, pero el cartel *Y tú, ¿qué has hecho por la victoria?*, de Lorenzo Goñi, que insiste en el repetido tema del dedo acusador es, por lo menos, innovador. La capacidad de síntesis que fue adquiriendo el cartelista gaditano permite rastrear su evolución, cartel tras cartel y en sus diversos estados evolutivos, como siguiendo el proceso de realización de un grabado al aguafuerte. En una de las carreras más fulgurantes del cartelismo de guerra, el caso de ese ilustrador andaluz de adopción barcelonesa resulta paradigmático: un cartelista que aparece de pronto, sobrado de técnica y casi de la nada –sin apenas obra en las manos– y que concluye su carrera miserablemente, tras la guerra civil, dedicado a sobrevivir ilustrando a la pluma libros irrelevantes. Entretanto, y pocos meses después de su primera y remarcable obra, de octubre de 1936, Goñi inicia un cambio de estilo basado en los lenguajes sintéticos característicos del cartelismo de vanguardia y en los espectaculares resultados que, para el nivel progresivo de su diseño, suponían las condiciones insólitas de trabajar con libertad absoluta.

Sordo como una tapia, el defecto le impidió ir al frente y, decepcionado por ello, se inventó el cartel *Y tú, ¿qué has hecho por la victoria?*, sin duda el mejor de la larga serie del icono creado por Alfred Leete y recreado entre otros por James Montgomery Flagg y Alphonse Mauzan en el curso de la Primera Guerra Mundial (incluso J. Huertas firmó uno en 1937 con el mismo tema, dedicado a los mutilados de guerra) y uno de los más famosos de cuantos se editaron en la guerra civil española. Incluso José M.

Gironella lo citó en *Un millón de muertos* y Carles Fontseré recuerda en *Memòries d'un cartellista català (1931-1939)* la retórica teatral con que su autor lo contemplaba, satisfecho, preguntándose: «Y tú, ¿qué has hecho por la victoria? Y él mismo se respondía: ¿Yo?, ¡este cartel!».

El gigante Josep Renau, siempre sorprendente en su virtuosismo, hizo una serie de carteles que ilustran oportunamente los conceptos teóricos vertidos en su famoso artículo «Función social del cartel». De entre los más famosos (*1808-1936. De nuevo por nuestra independencia, Industria de guerra. Potente palanca para la victoria* o *Los marinos del Cronstadt*), destacamos aquí los que diseñó con el criterio innovador de utilizar el formato del cartel en sentido horizontal, como *El Comisario* –pleno de fuerza expresiva–, *Victoria, Reforzad las filas del Partido Comunista* y *Tchapaief, el guerrillero rojo*, tratados con un realismo sintético de un eficaz valor propagandístico.

Sin embargo, la aportación más interesante del cartelista Renau fue la ilustración, en formato cartel, de los célebres *Trece puntos de Negrín*. El maestro valenciano se expresó allí, casi al final de la guerra, en una de sus claves preferidas –el fotomontaje–, pero esta vez de una manera conclusiva, como despidiéndose de la audiencia. En una síntesis admirable de sus etapas estilísticas precedentes y sucesivas, Renau simultaneó en esas piezas históricas sus tres lenguajes más personales y característicos: el fotomontaje, el aerógrafo y el dibujo, en un conjunto magistral de épica interclasista y democrática que hoy se nos revela con toda su nostalgia.

El dinamismo de la composición confiere al cartel de Martí Bas un atractivo innegable, así como la orgía de color, que hacía que «los escasos anuncios que lo rodeaban parecieran manchas de barro», según la apreciación orwelliana hecha sobre el terreno. Fiel a la descripción testimonial de Carles Fontseré, «Martí Bas, también del PSUC, con el lema *Frente Popular. Frente de Victoria y Libertad*, pintó un espectacular despliegue de banderas: la catalana, la separatista con el triángulo azul y la estrella blanca de cinco puntas, la republicana tricolor, la roja con la hoz y el martillo y la roja y negra libertaria». Y, por supuesto, el brazo derecho alzado con el puño cerrado, al que era tan aficionado, así como a la construcción de sus robustos milicianos de cuerpo atlético, como el del cartel *¡Hombres fuertes, al frente!*, que parece haber inspirado a Ricard Creus este conmovedor poema escrito en respuesta a Josep-Maria Fulquet, que le preguntó un día cómo eran los milicianos:

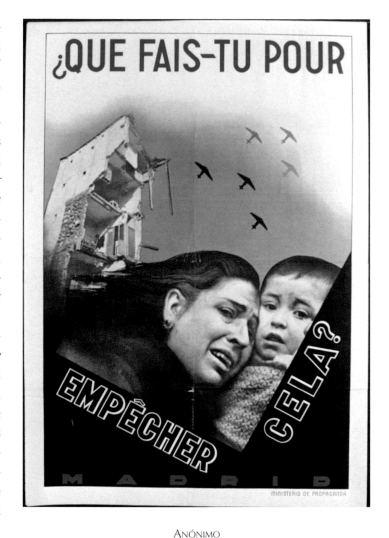

Anónimo
Madrid, 1937

¿Qué haces tú para impedir esto?
Ministerio de Propaganda

El día diecinueve a mediodía vi llorar un hombre,
era aquel hombre fuerte que desnudo se bañaba en la azotea,
que me invitó a refrescarme
y yo de golpe me quité toda la ropa
y me puse a saltar bajo el chorro de agua
que su mujer nos lanzaba a los dos.
Él desnudo era como de tierra cocida
sobre ladrillos calientes a pleno sol,
bajo el arco de agua que sobre el azul del cielo
desplegaba todos los colores del arco iris
era como una escultura con el sexo íntegro

MAURICIO AMSTER
Madrid, 1937
En las colonias escolares

llevaba el mono limpio que se habría puesto el lunes,
había luchado toda la mañana, hecho barricadas, gritado,
ni la boca ni los ojos ni los brazos parecían suyos,
por los cuatro horizontes de la azotea subían humaredas,
–Ya hemos perdido–decía–lo están destruyendo todo.
Era el diecinueve a mediodía y no le vi nunca más.

(Traducido del catalán por Rafael Cruz)

Pocas veces el lenguaje vanguardista se ofreció al pueblo en un estado tan puro como en la serie de carteles que Mauricio Amster diseñó para los ministerios de Sanidad e Instrucción Pública. La fotografía –naturalmente en blanco y negro, aunque coloreada– no era el mejor lenguaje para emocionar a las masas en forma de carteles murales, y las composiciones racionalistas menos todavía, pero ahí están, haciendo de esos carteles monumentos a la modernidad practicada cotidianamente en todos cuantos terrenos el diseño gráfico tuvo la oportunidad de expresarse. El tono vanguardista del diseño, patente sobre todo en el tratamiento de la tipografía de palo y en la composición de los elementos, expresa tanto la categoría de su autor (largamente demostrada en sus colaboraciones editoriales en tiempos de paz y para los ministerios de Sanidad e Instrucción Pública en tiempos de guerra) cuanto la irrenunciable voluntad de mantener un nivel moderno y original en los soportes más convencionales de la comunicación de masas de la época.

Aunque sólo fuera por su producción y, gracias a ella, por su popularidad, José Luis Bardasano merece un lugar entre los diez mejores. Ciertamente, su estilo académico y esbozado era lo suficientemente brillante, eficaz y competitivo como para ser popular. Significativamente, según consignó Valeriano Bozal en su *Historia del arte en España*, se organizó en los años de guerra una exposición de carteles en la Plaza Mayor de Madrid en la que por primera vez se concedió un premio artístico –no un premio al diseño– por votación popular. El ganador no fue otro que Bardasano.

Este cartel, procedente del fondo de la Federación Socialista Madrileña y poco conocido, introduce algunas variables a su estilo académico característico. Excepto el tratamiento volumétrico del gorro frigio, el resto se trata con un lenguaje plano, propio del cartelismo sintético internacional. El aspecto escenográfico del mar de banderas y el friso alusivo al campesinado de la banda inferior, en silueta, superan el efecto realista en beneficio del alegórico.

como las de los parques públicos de antes del treinta y nueve.
Con aquellos brazos robustos
trabajados por los metales más duros
me revolcaba entre el aire y el agua
me hacía reír y reía, me hacía jugar y jugaba
y decía: –¿Antonia, quieres que hagamos un niño como éste?
Y me lanzó mojado en brazos de su mujer
que me abrazó como a su posible hijo.
Aquellos brazos de bronce que nos abrazaron a los dos
se esfumaron voluntarios al frente sin dejar ni rastro.
Pero aquel día a mediodía con los brazos temblorosos lloraba,

Este magnífico cartel podría estar firmado por Mauricio Amster, en lugar del anonimato que mantiene tercamente después de casi setenta años, sin que nadie osara discutirlo. La arriesgada dinámica angular de su composición, el eficaz dramatismo del negro y el gris (la gama con que Picasso pintó su *Guernica*), la sobrecogedora expresión que ofrece la fotografía de una maternidad protectora –amenazada por los bombardeos que revientan los edificios circundantes–, la circulación de la moderna tipografía de palo ceñida al ángulo orquestador de la composición, así como el sabio emplazamiento de todos y cada uno de los elementos, constituyen un conjunto de virtudes profesionales que dejan fuera de lugar la posibilidad de considerar a un *amateur* como autor de ese cartel, insuperable en su género.

A pesar de su juventud, el barcelonés Carles Solà podía considerarse un veterano cartelista de guerra. Según Fontseré, su cartel con la leyenda *Trabaja por los que luchan*, este de Solà con la frase *Unión es fuerza* y el de Francesc Riba Rovira con el lema *Leed*, fueron los tres primeros que se pintaron en Barcelona después del 18 de julio. El escueto tratamiento en rojo y negro y el efecto repetición en silueta de la figura que multiplica en perspectiva los hombres, las armas y las municiones que reclama imperativamente el lema, son muestra de los recursos gráficos que manejó con la eficacia y distinción de un consumado cartelista moderno.

Arturo Ballester ya había dado suficientes muestras de su categoría como ilustrador-diseñador en la década de los años veinte en las cubiertas de los libros para las editoriales valencianas Cervantes y Prometeo (fundada ésta por el novelista de éxito Vicente Blasco Ibáñez). No obstante, su participación en el cartelismo de guerra dejó dos piezas definitivas: *Un marino: un héroe*, en el que por debajo de los limpios rojos y azules alienta el espíritu blanquinegro eisensteniano de *El acorazado Potemkín* y *Loor a los héroes*, una clara alusión a Ícaro –el dios mitológico volador– que sublima la acción de los aviadores de guerra en una épica, celestial y martiriológica metamorfosis del hombre y la máquina.

Este cartelista poco conocido, apellidado Camps, formaba parte del colectivo Arte Libre de la Federación Anarquista Internacional de Barcelona, como también un tal Les Barquet –autor de un sorprendente cartel repleto de interesantísimas resonancias vanguardistas dedicado a la *Lucha por la Humanidad*– y no tuvo reparo alguno en anunciar la revista doctrinal *Tierra y Libertad* con un estilo abiertamente revolucionario. Como fue costumbre en aquel tiempo de gloria de nuestro diseño gráfico, la indecisión que suponen los escasos fragmentos figurativos del cartel fueron contrarrestados por el esquema compositivo, radicalmente abstracto, en línea con la atrevida tipografía y la escueta gama cromática, igualmente radical, reducida a la combinación de rojo y negro con que pintaban, con ambición corporativa, la utopía ácrata.

Digamos, para concluir, que la situación de alarma que produjo la sublevación militar estimuló espontáneamente a algunos profesionales del diseño editorial, comercial y publicitario, y a muchos aprendices de cartelista profesionalmente indocumentados, a defender con sus «armas» más eficaces la causa de la República, amenazada de muerte.

Y su aportación beligerante, innovadora y multimilenaria, no pasó desapercibida a la población civil. Según el testimonio crítico de un testigo de excepción como fue Georges Orwell, el celebrado autor de *Homenaje a Cataluña*, así transcribió –en este libro– la visión precisa del clima cartelístico renovador que se percibía en las calles de nuestras ciudades en guerra: «Por todas partes se veían carteles revolucionarios flameando desde las paredes sus limpísimos rojos y azules, que hacían que los escasos anuncios que los rodeaban parecieran manchas de barro».

El caso es que en aquellos tres años los cien cartelistas voluntarios dieron un impulso tan decisivo al cartelismo español que si el gobierno legalmente constituido hubiera ganado la guerra hoy hablaríamos de España, sin ningún género de dudas, como una potencia de primerísima fila en el concierto del diseño gráfico internacional, porque en aquel entonces se pusieron las bases de una concepción cartelística verdaderamente genuina y de un elevadísimo nivel creativo y técnico. Desgraciadamente, en abril de 1939 el diseño se paró también, como hicieron todos los relojes del progreso. A la misma hora y hasta 1975, en que empezaron a andar de nuevo en busca del tiempo perdido, en un esfuerzo titánico de incierto resultado que, por lo que respecta al reconocimiento nacional e internacional del nivel de conjunto de nuestro actual diseño gráfico, dista todavía del alcanzado por los ilustres predecesores republicanos.

CAMPS/LES BARQUET

Barcelona, 1936

Tierra y Libertad

CARLES SOLÀ

Barcelona, 1937

¡Más hombres! ¡Más armas! ¡Más municiones!

Anónimo
Madrid, 1931
República Española: 14 de abril de 1931

REPVBLICA ESPAÑOLA

14 DE ABRIL DE 1931

OLIVER
Madrid, 1937

Homenaje a la aviación
PSOE

J. Huertas

Madrid, 1937

¡Alerta está!

PSOE. Agrupación Socialista Madrileña

J. Huertas

Madrid, 1937

Victoria: el Partido Socialista lanzará el cañonazo final

PSOE. Agrupación Socialista Madrileña

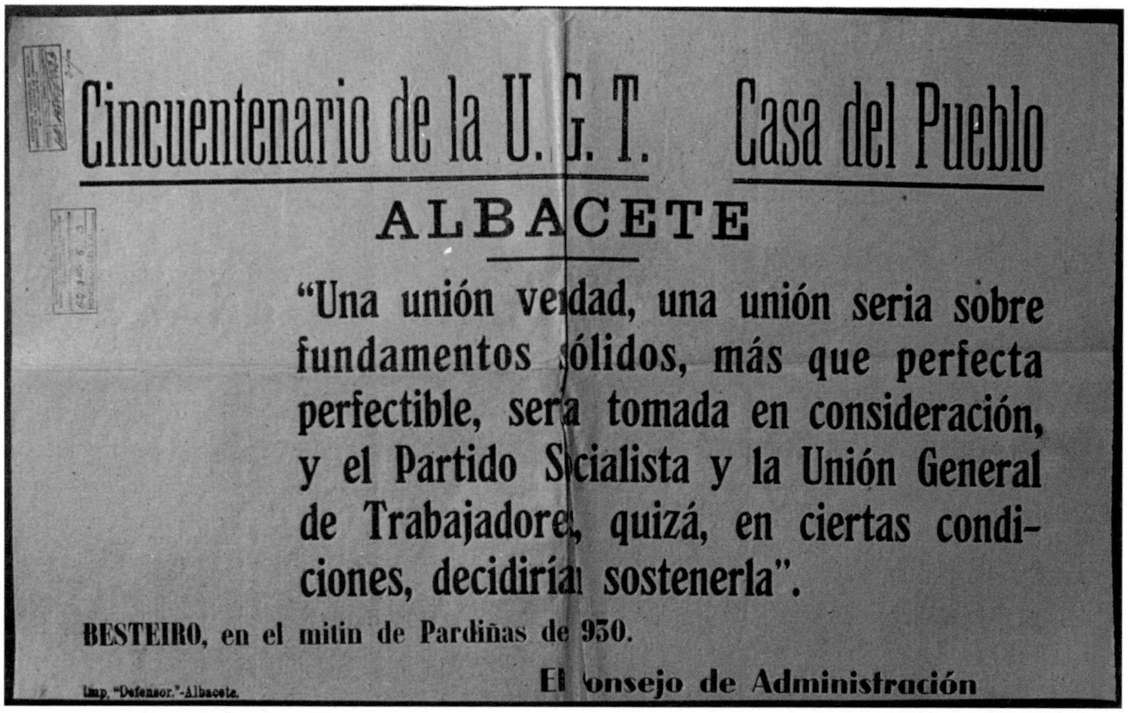

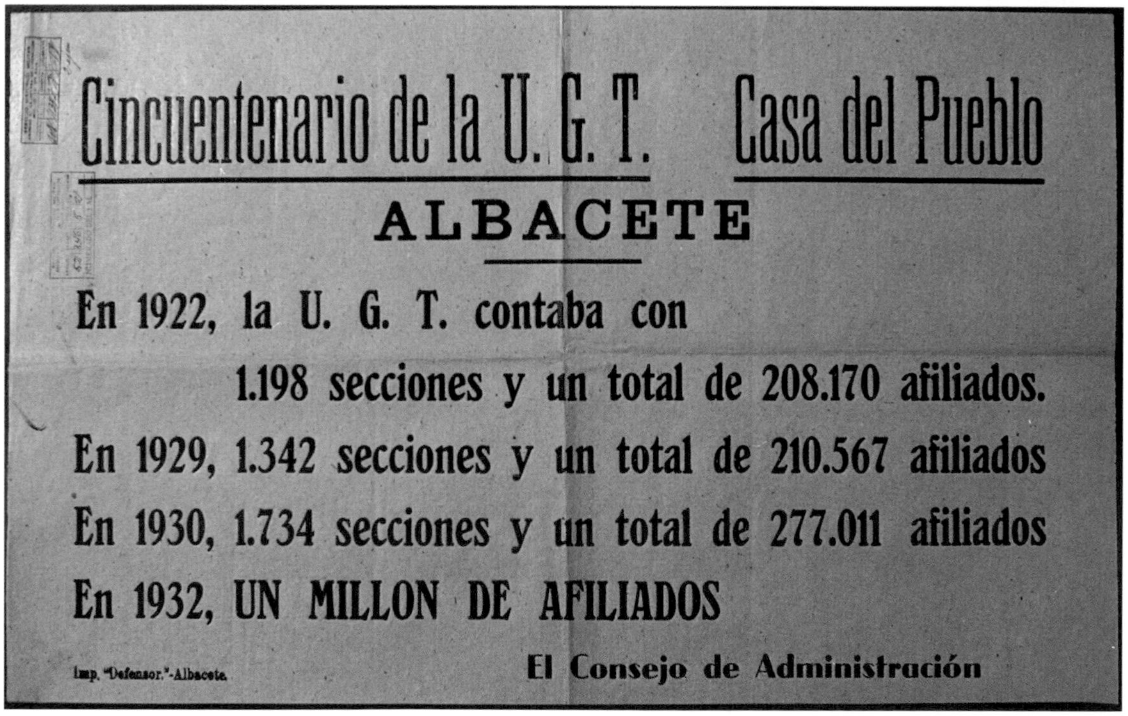

Cincuentenario de la U. G. T.   Casa del Pueblo

ALBACETE

"Una unión verdad, una unión seria sobre fundamentos sólidos, más que perfecta perfectible, será tomada en consideración, y el Partido Socialista y la Unión General de Trabajadores, quizá, en ciertas condiciones, decidirían sostenerla".

BESTEIRO, en el mitin de Pardiñas de 930.

Imp. "Defensor."-Albacete.

El Consejo de Administración

Cincuentenario de la U. G. T.   Casa del Pueblo

ALBACETE

En 1922, la U. G. T. contaba con

1.198 secciones y un total de 208.170 afiliados.

En 1929, 1.342 secciones y un total de 210.567 afiliados

En 1930, 1.734 secciones y un total de 277.011 afiliados

En 1932, UN MILLON DE AFILIADOS

Imp. "Defensor."-Albacete.

El Consejo de Administración

Anónimo
Albacete, 1938

Cincuentenario de la UGT
"Una unión verdad, una unión seria sobre fundamentos sólidos, más que perfecta perfectible, será tomada en consideración..."
UGT. ALBACETE, CASA DEL PUEBLO

Anónimo
Albacete, 1938

Cincuentenario de la UGT
En 1922, la UGT contaba con 1.198 secciones y un total de 208.170 afiliados. En 1929, 1.342 secciones y un total de 210.562 afiliados. En 1930, 1.734 secciones y un total de 277.011 afiliados. En 1932, UN MILLÓN DE AFILIADOS
UGT. ALBACETE, CASA DEL PUEBLO

MONLEÓN
Valencia, 1938

UGT: 1888 ¡Trabajadores de todos los países, uníos!: 1938
UGT

ANÓNIMO
Barcelona, 1937

*UGT. Obrers : organitzeu els campionats de treball
de cara a la guerra*
UGT. COMISSIÓ D'AGITACIÓ I PROPAGANDA

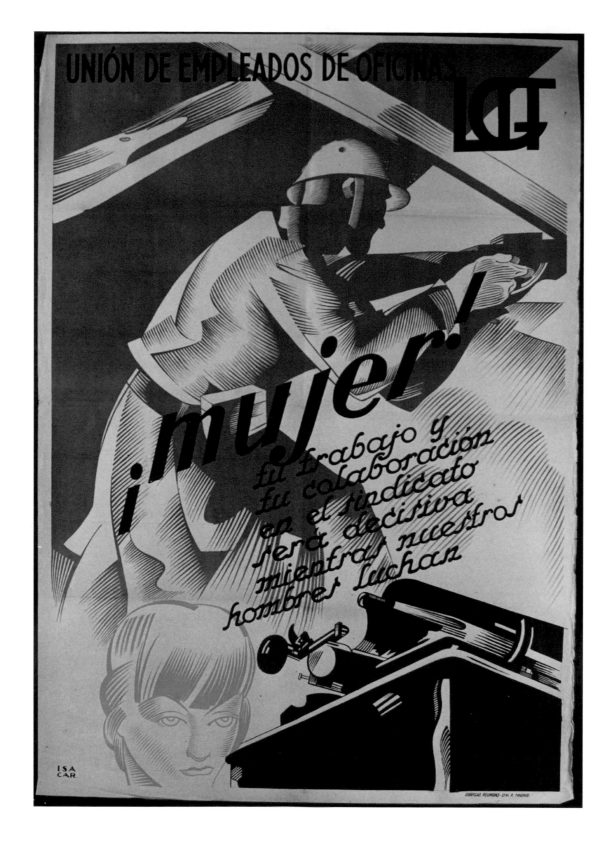

Isacar

Madrid, 1937

¡Mujer!: Tu trabajo y tu colaboración en el sindicato será decisiva mientras nuestros hombres luchan
UGT. Unión de empleados de oficinas

Cantos

Madrid, 1937

Obreras del hogar: acudid todas a la conferencia que se celebrará
el día 3 en el salón teatro en la Casa del Pueblo

UGT. Sindicato de Bellas Artes

Isacar

Madrid, 1937

Incansablemente: las horas que hagan falta para la victoria

UGT. Unión de empleados de oficinas

Pedrero
Madrid, 1937

3 elementos necesarios para crear una España nueva
UGT. Sindicato de agentes del Comercio y de la Industria

Puras
Madrid, 1937

Esfuerzo sin límites
UGT. Sindicato Metalúrgico El Baluarte

BARDASANO
Valencia, 1937

Julio 18: 1936-1937: ¡Fuera el invasor!
UGT. FEDERACIÓN ESPAÑOLA DE TRABAJADORES DE LA TIERRA

ABRIL
Madrid, 1937
¡La cultura al servicio del pueblo!: En 1937 se dedican 5 millones de Ptas.
para que los hijos de los combatientes antifascistas puedan estudiar en Universidades y escuelas Técnicas
FETE-UGT. MINISTERIO DE INSTRUCCIÓN PÚBLICA

Anónimo
Madrid, 1937

Miliciano de la cultura: intensifica tu labor.
El ejército del pueblo ha de estar compuesto de hombres que no sean solamente valientes, sino que sean cultos

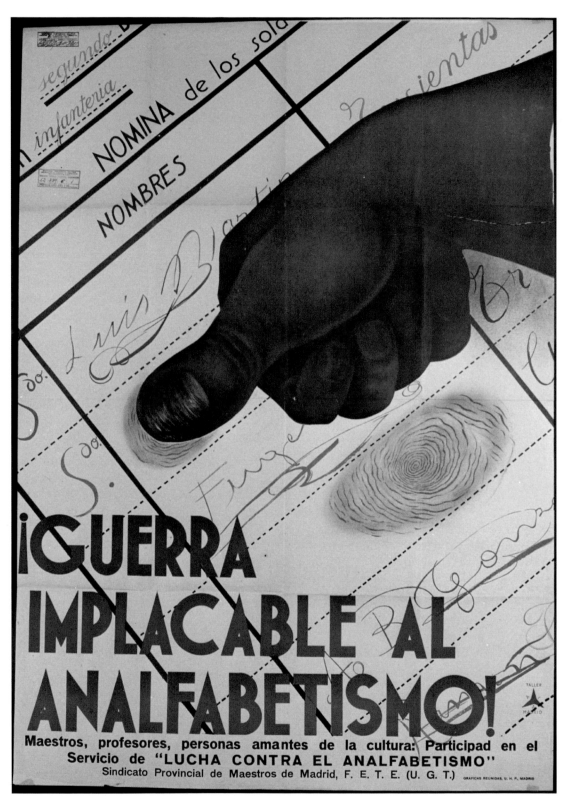

Anónimo
Madrid, 1937

¡Guerra implacable al analfabetismo!: maestros, profesores, personas amantes de la cultura:
Participad en el servicio de "Lucha contra el analfabetismo"
FETE-UGT. Sindicato Provincial de Maestros de Madrid

Anónimo
Madrid, 1937

El obrero ignorante forja sus propias cadenas.
Sindicatos obreros: que no haya un solo analfabeto en vuestras filas.
Para ello haced que asistan a las clases que el Servicio
"Lucha contra el analfabetismo" ha organizado
FETE-UGT. Sindicato Provincial de Maestros de Madrid

Yes
Madrid, 1936

¡Por la amnistía!: Votad al Bloque Popular
Frente Popular

GARRÁN
Madrid, 1936

De nuestras cenizas brotará la victoria: Votad al Bloque Popular
FRENTE POPULAR

BAGARÍA
S.l., 1936

Frente Popular: las 3 desgracias... Por la libertad de la República votad a las izquierdas
FRENTE POPULAR

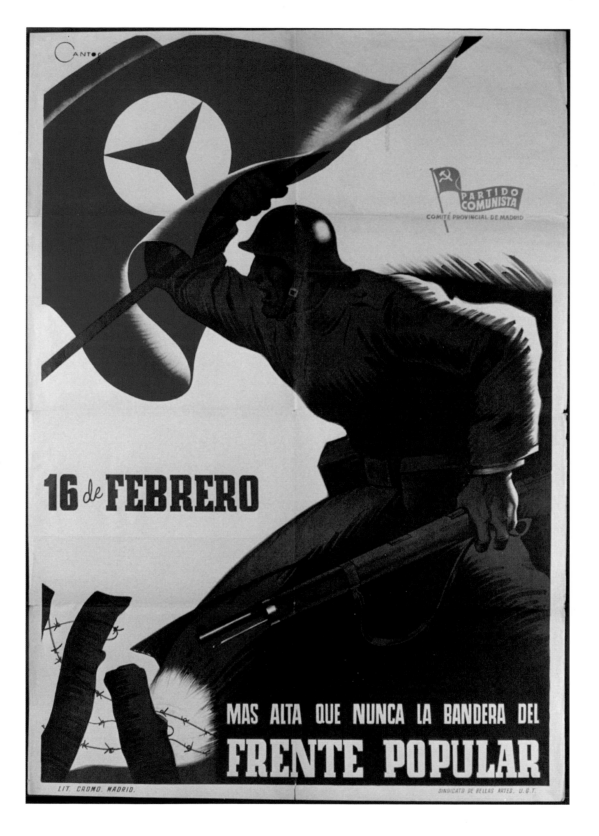

CANTOS
Madrid, 1937

16 de febrero: más alta que nunca la bandera del Frente Popular
PCE. MADRID

OLIVER
Madrid, 1938

Descubrid y aplastad sin piedad a la 5ª columna
PCE. MADRID

RENAU
Valencia, 1937

*Partido Comunista: industria de guerra:
potente palanca de la victoria*
PCE

BARDASANO
Madrid, 1937

1

PCE. Madrid. Secretaría de Agit-Prop.

BARDASANO
Madrid, 1937

2

PCE. Madrid. Secretaría de Agit-Prop.

BARDASANO
Madrid, 1937

3

PCE. MADRID. SECRETARÍA DE AGIT-PROP.

BARDASANO
Madrid, 1937

5

PCE. MADRID. SECRETARÍA DE AGIT-PROP.

Fergui
Madrid, 1937

*¡Mujer!: exige un puesto en la producción
que es hoy tu frente de lucha*

Bardasano
Madrid, 1937

6 CNT UGT

PCE. Madrid. Secretaría de Agit-Prop.

BARDASANO
Madrid, 1937

7

BARDASANO
Madrid, 1937

1º de Mayo: Intensificación de la producción
PCE. MADRID. SECRETARÍA DE AGIT-PROP.

FERGUI
Madrid, 1937

1º de Mayo: ¡Ataquemos!
PCE. SECTOR OESTE. SECRETARÍA DE AGIT-PROP.

Renau
Valencia, 1938

1º de Mayo: pasaremos: ¡ofensiva en todos los frentes!
PCE. Madrid

BARDASANO
Madrid, 1937

Conferencia Provincial de la JSU: en Mora, 28, 29 y 30 de mayo
JSU

BARDASANO
Madrid, 1937

La alianza nacional de la juventud garantía de la victoria
JSU. PROPAGANDA

BABIANO
Madrid, 1936

La cultura es un arma más para combatir al fascismo
JSU. COMISIÓN DE EDUCACIÓN DEL SOLDADO

BABIANO
Madrid, 1938

La juventud española debe practicar el vuelo sin motor
JSU. COMISIÓN DE EDUCACIÓN DEL SOLDADO

BARDASANO
Madrid, 1937

Congreso Alianza de la juventud madrileña: abril 1937
JSU. MADRID

CARNICERO
Valencia, 1937

Leed y propagad El Sindicalista: órgano del Partido
PS

Martín
S.l., 1936
Izquierda Republicana os invita al mitin
IR

Martín
S.l., 1936
Mujer!: Izquierda Republicana romperá tus ligaduras: acude al mitin
IR

YTURZAETA

Madrid, 1936

Cada bala un objetivo: Ingresad en la Columna España Libre

CNT - FAI

V. BALLESTER MARCO

Valencia, 1937

Nuestras costas serán defendidas por bravos marinos

CNT – AIT

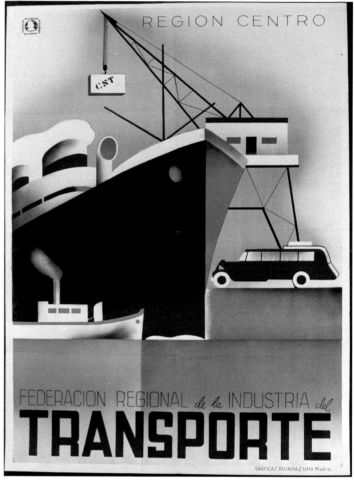

Anónimo
Madrid, 1937

Federación Regional de la Industria del Transporte: CNT
CNT. Región Centro. Federación de la Industria del Transporte

Anónimo
Madrid, 1937

Federación Regional de la Industria del Transporte
CNT. Región Centro

AUGUSTO
Madrid, 1937

Castilla libre: órgano de la Confederación Regional del Centro
CONFEDERACIÓN REGIONAL DEL CENTRO, CNT

MONLEÓN
Valencia, 1937

¡Obreros! Este es nuestro porvenir si triunfa el fascismo
PARTIDO SINDICALISTA

GARAY
Madrid, 1937

Limpio de fascistas nuestro país: 1937
5º REGIMIENTO

ANÓNIMO
Madrid, 1937

Fortificación: ¡El fortificador siempre en su puesto!
ESTUDIO DE LA COMANDANCIA

ANÓNIMO
Madrid, 1937

Madrid: Fortificación inexpugnable
ESTUDIO DE LA COMANDANCIA

ANÓNIMO
Madrid, 1937

El peligro de las luces encendidas
EJÉRCITO DEL CENTRO. JEFATURA RETAGUARDIA Y TRANSPORTES

ANÓNIMO
S.I., 1937

Enseña a leer a tu compañero
11ª DIVISIÓN (LÍSTER). SECCIÓN DE PROPAGANDA

ANÓNIMO
S.I., 1937

El que sabe leer puede ser mejor soldado
11ª DIVISIÓN (LÍSTER). SECCIÓN DE PROPAGANDA

J. Briones
Madrid, 1937

¡Callad! ¡El espía os escucha!
Comisariado General de Guerra. Comisión de Propaganda. Inspección Centro

Anónimo
Madrid, 1937

¡Más trincheras! ¡Más refugios!: Así, no pasarán
Ejército del Centro. Estado Mayor. Comisariado de Guerra. Inspección del Centro

PARRILLA

Valencia, 1938

El invierno es un enemigo más. Con ropa, podemos vencerle: pro campaña de invierno de Granada

COMISARIADO GENERAL DE GUERRA. EJÉRCITO DE ANDALUCÍA. PROPAGANDA

CANTOS
Madrid, 1937

Condición fundamental para la victoria: ¡capacitación de mandos!
EJÉRCITO DEL CENTRO. ESTADO MAYOR. COMISARIADO DE GUERRA. INSPECCIÓN DEL CENTRO

TONO

Madrid, 1936

Pro higiene mental: la claridad de la inteligencia es la salud

Anónimo
Valencia, 1937

7 noviembre: Madrid sangrante y herido...
¡Camiones con víveres y prendas de abrigo en el aniversario de su defensa debe ser nuestro mejor homenaje
SRI. Campaña de invierno

ESPERT
Madrid, 1936

Congreso de la solidaridad
SRI. MADRID

Anónimo
Valencia, 1938

Por la victoria...
Socorro Rojo de España

Renau
Valencia, 1936

Tchapaief: El guerrillero rojo
Nuestro Cinema

Yes
Madrid, 1936

*Lo que ha dado el fascismo al pueblo alemán y lo que ocurrirá
en España si triunfan las derechas: ¡Votad al Bloque Popular!*
SRI

Anónimo
Valencia, 1937

Un pionero alemán: un film soviético
Film Popular

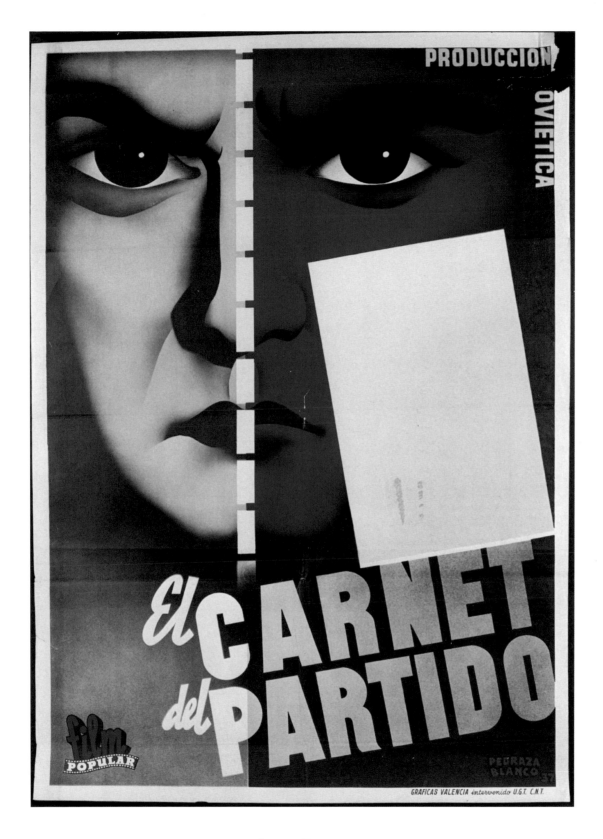

PEDRAZA BLANCO
Valencia, 1937

El carnet del Partido: producción soviética
FILM POPULAR

Mauricio Amster
Valencia, 1937

Días de maniobras: una producción soviética
Film Popular

Pedraza Blanco
Madrid, 1937

El circo: gran film soviético
Film Popular

ANÓNIMO
Madrid, 1937

Nueva República
NUEVA REPÚBLICA

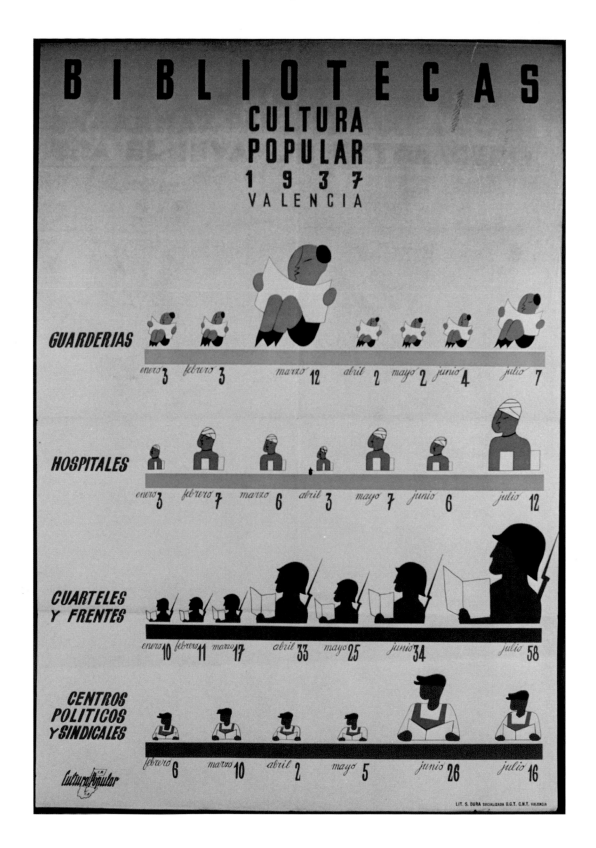

Anónimo
Valencia, 1937

Bibliotecas Cultura Popular: 1937: Valencia: Guarderías, hospitales, cuarteles y frentes, centros públicos y sindicales
CULTURA POPULAR

CANTOS

Madrid, 1937

"Compañeras" acudid a la exposición de periódicos murales

CULTURA POPULAR

WILA

Valencia, 1937

El analfabetismo ciega el espíritu: soldado instrúyete

MILICIAS DE LA CULTURA

GIRÓN

Madrid, 1937

¡Mujer antifascista!: en los grupos de ayuda al campo
tienes un puesto: ofrécete a nuestra organización
que te incorporará a este trabajo

MUJERES ANTIFASCISTAS. COMITÉ PROVINCIAL

ONTAÑÓN

S.l., 1937

Los amigos de la Unión Soviética reclaman la atención
del pueblo sobre este drama de la guerra civil rusa,
magnífica enseñanza para la gesta heroica que vive el pueblo
español... La tragedia optimista: autor Vsevolod Vichnewiski

ASOCIACIÓN DE AMIGOS DE LA UNIÓN SOVIÉTICA

Alianza de Intelectuales Antifascistas

DISCIPLINA DEL FUEGO

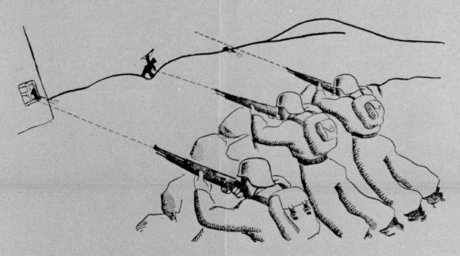

¡Tiradores!

Disparad siempre persiguiendo con paciencia el blanco.

Buscad el mismo objetivo hasta que lo logréis.

La potencia de las armas de fuego depende, no de la cantidad, sino de la calidad de los disparos.

No hay que tirar mucho; hay que tirar bien.

Un soldado que hace tiros de caza es más eficaz que una unidad de combate disparando con celeridad.

El valor de un frente de batalla no depende del número de fusiles, sino del número de tiradores.

Cuidado con los sembradores de alarma. La cobardía se parece mucho a la traición.

Tip. «ATENAS». - Talleres Colectivos. - Raimundo Fz. Villaverde, 25. Teléf. 34146. - Madrid.

Anónimo
Madrid, 1936

Disciplina del fuego: ¡Tiradores!: Disparad siempre persiguiendo con paciencia el blanco...
Alianza de Intelectuales Antifascistas

Alianza de Intelectuales Antifascistas

DISCIPLINA DEL FUEGO

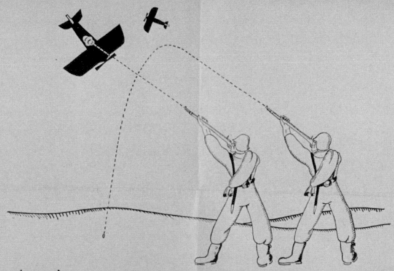

¡Tiradores!

No tiréis a los aviones en tiro individual.

El tiro individual sólo es útil cuando el avión de caza baje cercano al suelo.

El tiro contra aviones debe ser hecho por baterías antiaéreas, armas automáticas o grupos de hombres.

El tiro de fusil aislado sólo sirve para fijar la posición de las fuerzas.

Cuando el avión dispara con ametralladora, es que la distancia es adecuada y se puede estar en condiciones de derribarle.

No malgastéis municiones en perseguir aviones de bombardeo que vuelan a gran altura.

No olvidéis que el primer objetivo de la aviación es desmoralizar.

Cuidado con los sembradores de alarma. La cobardía se parece mucho a la traición.

Tip. «ATENAS». - Talleres Colectivos. - Raimundo Fz. Villaverde, 25, Teléf. 34146. - Madrid.

Anónimo

Madrid, 1936

Disciplina del fuego: ¡Tiradores!: No tiréis a los aviones en tiro individual...

ALIANZA DE INTELECTUALES ANTIFASCISTAS

Anónimo
Valencia, 1937

¡Solidaridad!: periódico mural del Socorro Rojo de España.
Campaña de invierno. Los que defienden la independencia de nuestro suelo no deben sufrir frío en las trincheras...
Socorro Rojo de España

Anónimo
Valencia, 1937

¡Solidaridad!: periódico mural del Socorro Rojo de España: Todos los pueblos libres del mundo, ayudan a España
SOCORRO ROJO DE ESPAÑA

MAURICIO AMSTER
Madrid, 1937

¡Milicianos!: No desperdiciéis municiones, víveres ni energías
MINISTERIO DE INSTRUCCIÓN PÚBLICA. DIRECCIÓN GENERAL DE BELLAS ARTES

122

M. Prieto

Madrid, 1936

¡Miliciano!: en tus manos está el destino de España y de la República democrática: Antes morir que retroceder

Ministerio de Instrucción Pública. Dirección General de Bellas Artes

ENRIC CLUSELLES
Barcelona, 1937

Los niños evacuados son nuestros propios hijos
MINISTERIO DE INSTRUCCIÓN PÚBLICA

Oliver
Madrid, 1937

¡Juguetes para nuestros peques!
Ministerio de Instrucción Pública y Sanidad. Comisión de la Semana del Niño

HERNANZ
Madrid, 1937

Hagamos felices a los niños
MINISTERIO DE INSTRUCCIÓN PÚBLICA Y SANIDAD. COMISIÓN DE LA SEMANA DEL NIÑO

F. Briones
Madrid, 1937

Guerra al analfabetismo: a e i o u.
El Gobierno antifascista ha presupuestado en 1937 10 millones de pesetas para combatirlo
Ministerio de Instrucción Pública. FETE – UGT

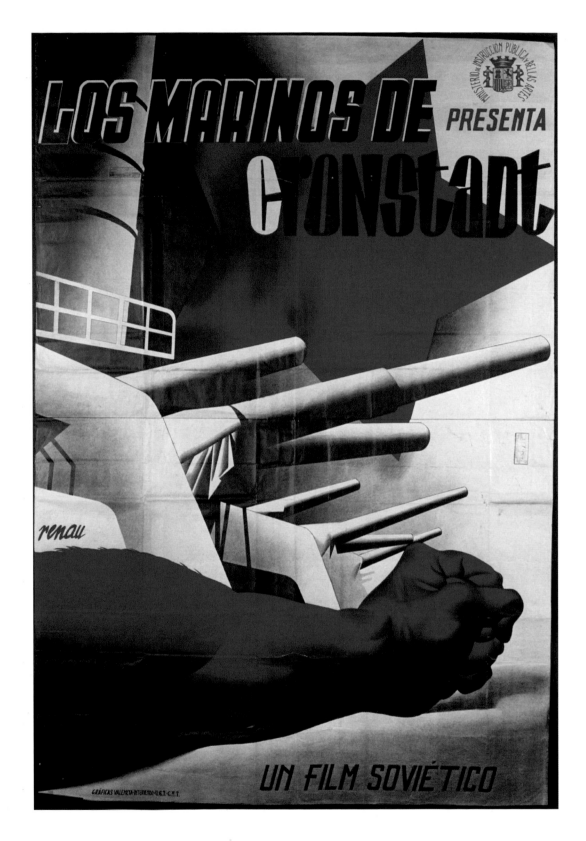

RENAU
Valencia, 1937

Los marinos de Cronstadt: un film soviético
MINISTERIO DE INSTRUCCIÓN PÚBLICA Y BELLAS ARTES

PARRILLA
Madrid, 1937

¡Atacad!: Soldados de la República
JUNTA DELEGADA DE DEFENSA DE MADRID. DELEGACIÓN DE PROPAGANDA Y PRENSA

PEDRERO
Madrid, 1937

El generalísimo
JUNTA DELEGADA DE DEFENSA DE MADRID. DELEGACIÓN DE PROPAGANDA Y PRENSA

CAÑAVATE
Madrid, 1937

S.E. El generalísimo
Junta Delegada de Defensa de Madrid

AMSTER
S.I., 1937

Los niños no deben sufrir los horrores de la guerra.
En las colonias del Ministerio de Instrucción Pública tendrán salud y alegría
MINISTERIO DE INSTRUCCIÓN PÚBLICA

CAÑAVATE
Madrid, 1937

Evacuad Madrid
JUNTA DELEGADA DE DEFENSA DE MADRID. DELEGACIÓN DE PROPAGANDA Y PRENSA

Anónimo
Madrid, 1937

La aviación fascista pasa sobre la capital de la República: ¿Haces tú algo para evitar esto?: Ayuda a Madrid
Junta Delegada de Defensa de Madrid. Delegación de Propaganda y Prensa

PEDRERO
Madrid, 1937

Para ganar la guerra ayudad a Madrid
JUNTA DELEGADA DE DEFENSA DE MADRID. DELEGACIÓN DE PROPAGANDA Y PRENSA

OLIVER
Madrid, 1937

Atacar es vencer: ¡Todos al ataque como un solo hombre!
Junta Delegada de Defensa de Madrid. Delegación de Propaganda y Prensa

MELENDRERAS
Madrid, 1937

Todas las milicias fundidas en el Ejército Popular
JUNTA DELEGADA DE DEFENSA DE MADRID

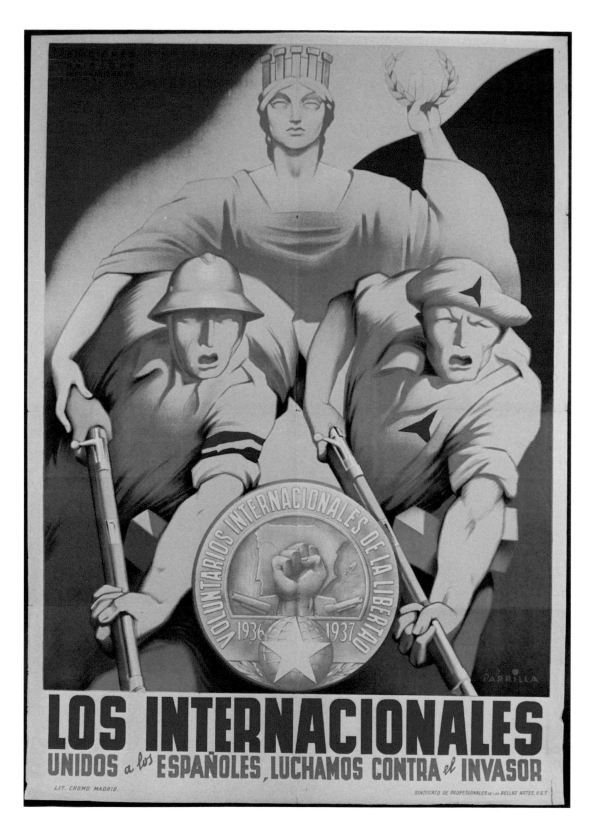

PARRILLA
Madrid, 1937

Los internacionales unidos a los españoles, luchamos contra el invasor
BRIGADAS INTERNACIONALES

BARDASANO
Madrid, 1937

Homenaje a las Brigadas Internacionales: El Frente Popular de Madrid al Frente Popular del Mundo
FRENTE POPULAR

JUAN ANTONIO
S.I., 1937

Mujeres: trabajad por los compañeros que luchan
ORGANIZACIÓN

140

JUAN ANTONIO MORALES
S.l., 1937

¡Los fusiles para el frente!: un fusil inactivo es arma enemiga
MINISTERIO DE INSTRUCCIÓN PÚBLICA. DIRECCIÓN GENERAL DE BELLAS ARTES

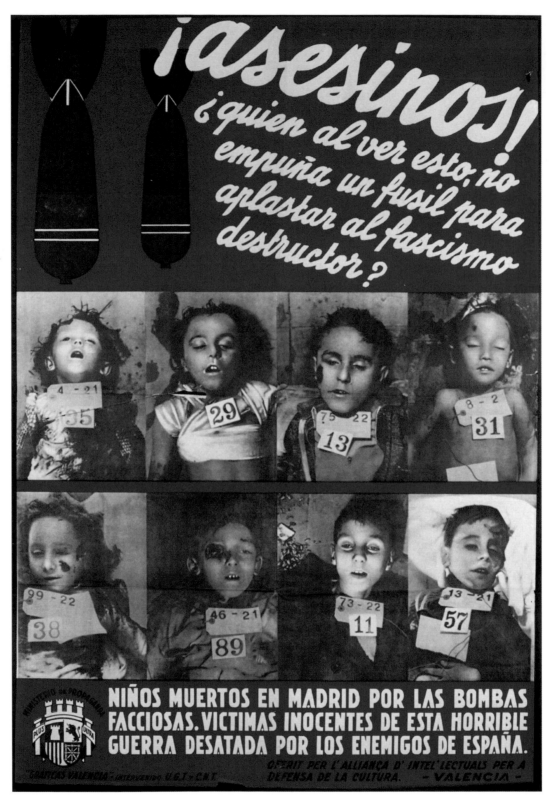

Anónimo
Valencia, 1937

¡Asesinos!: ¿quién al ver esto no empuña un fusil para aplastar al fascismo destructor?
Niños muertos en Madrid por las bombas facciosas: Víctimas inocentes de esta horrible guerra desatada por los enemigos de España
Ministerio de Propaganda

ANONIMO

S.l., 1936

Antes: campesinos pobres, famélicos: ¿por qué?: Porque la tierra estaba distribuida así.
Ahora: el campesino trabaja y es feliz: ¿por qué?: Porque la República le ha dado tierras y créditos

SUBSECRETARÍA DE PROPAGANDA

G.M.
Barcelona, 1937

España lucha por su independencia, por la paz y la solidaridad entre los pueblos
SUBSECRETARÍA DE PROPAGANDA

ANÓNIMO
Barcelona, 1937

La fuerza pública estarba al servicio de los caciques y de los enemigos el pueblo.
La fuerza pública es hoy la garantía de la libertad y del orden republicano: Colaborad todos por una retaguardia fuerte y disciplinada
SUBSECRETARÍA DE PROPAGANDA

LLOVERA
Barcelona, 1937

No oblideu que estem en Guerra!
ESTAT CATALÀ

LLOVERAS
Barcelona, 1937

Disciplina. Treball
JER. ESTAT CATALÀ

Anónimo
S.l., 1937

¡Camaradas por nuestra libertad!: Alistémonos
UDL

Anónimo
S.l., 1937

Salud: Hombres de Acero
UDL

Anónimo
S.I., 1937

¡Marino!: Alerta
UDL – UHP

CRONOLOGÍA Y BIBLIOGRAFÍA ARTÍSTICAS (1936-1939)

Manuel García

CRONOLOGÍA

La presente cronología artística de la guerra civil española se ha redactado a partir de un trabajo de investigación en la prensa de la época y las consultas en las siguientes obras: Varios Autores: *La guerra civil española*, Madrid, 1978, Ministerio de Cultura; Miguel-Ángel Gamonal Torres: A*rte y política en la guerra civil española. El caso republicano*, Granada, 1987, Diputación Provincial de Granada y Arturo-Ángel Madrigal Pascual: *Arte y compromiso. España, 1917-1936*, Madrid, 2002, Fundación de Estudios Libertarios.

Asimismo hemos consultado los textos de Inmaculada Julián «Exposiciones y concursos en el período 1936-1939 en Barcelona», *d'Art*, N.º 8-9, Barcelona, 1983, págs.: 231-285 y Lucía Villarreal «Cronología», en Varios Autores: *Arte protegido. Memoria de la Junta del Tesoro Artístico durante la Guerra Civil*, Madrid, 2003, Instituto de Patrimonio Histórico Español-Museo Nacional del Prado.

Aunque la exposición de «Carteles de Guerra. Colección de la Fundación Pablo Iglesias» está integrada de carteles del sector republicano español, hemos incluido, sin embargo, algunas referencias a la actividad artística desarrollada en la zona sublevada contra el gobierno republicano.

1936

17 de julio. El general Francisco Franco y otros mandos militares se sublevan en el protectorado español de Marruecos contra el gobierno de la República española. El levantamiento militar se extiende por la Península.

19 de julio. Se forma el nuevo gobierno de la República española presidido por José Giral. Francisco J. Banés es nombrado ministro de Instrucción Pública y Ricardo de Irueta, director general de Bellas Artes.

23 de julio. Se dicta un decreto de creación de la Junta de Incautación y Protección del Tesoro Artístico promovida por la alianza de Intelectuales Antifascistas en Defensa de la Cultura.

28 de julio. Carlos Montilla es nombrado presidente de la Junta de Incautación y Protección del Tesoro Artístico de Madrid.

30 de agosto. Se clausura al público el Museo del Prado de Madrid. Se inicia el traslado de obras para su protección de los bombardeos de la capital española.

En el mes de septiembre tiene lugar en la Plaza Mayor de Madrid una exposición de carteles: «Homenaje a las Milicias» organizada por la Cámara Oficial del Libro de la capital española.

4 de septiembre. Se forma un nuevo gobierno de la República española presidido por Francisco Largo Caballero. Jesús Hernández es nombrado ministro de Instrucción Pública y José Renau, director general de Bellas Artes.

19 de septiembre. El pintor Pablo Picasso es nombrado director del Museo del Prado de Madrid y Francisco Sánchez Cantón, subdirector.

29 de septiembre. La Junta de Burgos designa a Francisco Franco jefe del gobierno del Estado español.

6 de octubre. En las Galeries d'Art del Novetats de Barcelona se inaugura una exposición de «Cartells contra el Feixisme» organizada por el Comisariat de Propaganda de les Milícies Antifeixistes. El discurso de apertura lo daría Jaume Miratvilles.

28 de octubre. Nombran a José Lino Vaamonde encargado de los trabajos arquitectónicos para defender el Museo del Prado de los ataques bombardeos de la capital española.

6 de noviembre. Se traslada el gobierno de la República española a Valencia.

7 de noviembre. Se constituye la Junta Delegada de Defensa de Madrid a cuyo mando está el general José Miaja.

10 de noviembre. Sale la primera expedición de obras del Museo del Prado hacia Valencia. Entre ellas van las *Majas* de Goya, *El caballero de la mano en el pecho* de El Greco y el retrato de *Mariana de Austria* de Velázquez.

15 de noviembre. Se inaugura la «Exposición Antifascista de Documentos sobre España» en el local del Patronato de Turismo de España en París. La muestra, inaugurada por Luis Araquistain, contó con la presencia de Max Aub, Pablo Picasso, Josep-Lluís Sert, etc.

16 de noviembre. Los bombardeos sobre Madrid afectan al Museo del Prado, la Academia de Bellas Artes de San Fernando y el edificio del Palacio de Bibliotecas y Museos de Madrid.

21 de noviembre. Sale una expedición de obras del Museo del Prado hacia Valencia.

24 de noviembre. Sale un grupo de intelectuales españoles de Madrid camino de Valencia.

4 de diciembre. Se inaugura la «Exposición de Carteles Antifascistas» con motivo del Primer Congreso de Propaganda de la Argentina en Buenos Aires.

9 de diciembre. Sale una expedición de obras del Museo del Prado hacia Valencia.

15 de diciembre. Se crea la Junta Delegada de Incautación, Protección y Salvamento del Tesoro Artístico de Madrid que preside el arquitecto Roberto Fernández Balbuena.

Se crea la Junta de Cultura Histórica y del Tesoro Artístico en la zona sublevada.

Ferran Callicó publica: *L'art i la revolució social.*

Se publica: *Los dibujantes soldados,* con un prólogo de Gabriel García Maroto y *Los dibujantes en la guerra de España,* con dibujos de Francisco Mateos, Miguel Prieto, Ramón Puyol, Antonio Rodríguez Luna y Arturo Souto.

La Confédération Générale du Travail Syndicaliste Révolutionnaire-Section Française de l'Association Internationale des Travailleurs edita *L'Espagne révolutionnaire,* álbum de fotos de la guerra civil español i

Se publica *Lo que cuentan los amigos de Perico,* con ilustraciones de Ramón Puyol y *El cartel de guerra,* folleto en castellano, catalán, francés e inglés sobre el cartel de guerra.

Se editan los libros *Héroes del pueblo,* una carpeta de diez retratos de líderes militares y políticos republicanos de Desmarvil; y de Martí, Marí y Cía: *Diez dibujos de guerra* y *Doce escenas de guerra, Barcelona* de Martí, Marí y Cía; *España. Jornadas Heroicas,* dibujos de exaltación del miliciano y *España roja,* colección de fotografías sobre el sector republicano.

Se inaugura «La Exposición del Quinto Regimiento…», con carteles y documentos sobre el Quinto Regimiento.

Mauricio Amster y José Renau ilustran el libro *El 7 de Octubre. Una nueva era en el campo,* publicado por el Ministerio de Agricultura.

1937

Publicación de los libros y folletos: *Cartilla Escolar Antifascista,* 1937, Ministerio de Instrucción Pública y Bellas Artes, diseñada por Mauricio Amster y con un tiraje de 25.000 ejemplares; *10 Dibujos de guerra,* 1937 de Martí Bas y Antoni Clavé y *Madrid,* 1937, Ministerio de Instrucción Pública, con un texto de Antonio Machado e ilustraciones de José Bardasano, José Espert, Julián Lozano, Victorio Macho, Francisco Mateos, Miciano, Jesús Molina, Servando del Pilar, Ramón Puyol, José Solana, Arturo Souto, Eduardo Vicente.

Alfonso Rodríguez Castelao publica los folletos: *Atila en Galicia,* Madrid, 1937 y *Galicia mártir,* Madrid, 1937, Ediciones Españolas.

Se imprime el catálogo de la exposición; «España a México. Manifestación de Arte Catalán. Pro Víctimas del Fascismo», Barcelona, 1937.

Se editan los folletos: *Hallazgos notables,* Valencia, 1937, Ministerio de Instrucción Pública-Protección del Tesoro Artístico Nacional; *No pasarán,* Barcelona, 1937, Unió General de Treballadors-Partit Socialista Unificat. Incluye la reproducción de carteles de la guerra civil española.

Abelardo Covarsí publica: *Seis años de despojo y destrucción del Tesoro Artístico Nacional. Historia de la defensa de los monumentos y obras de arte de la provincia de Badajoz,* Badajoz, 1937, Colección Al Servicio de España.

2 de enero. Sale una nueva expedición de obras del Museo del Prado hacia Valencia.

5 de enero. Se presenta la «Exposición del Tesoro Artístico del Ex Duque de Alba salvado por el Quinto Regimiento», organizada por la dirección general de Bellas Artes del Ministerio de Instrucción Pública en el Colegio del Patriarca de Valencia. La muestra fue inaugurada por José Renau.

14 de enero. Se constituye el Servicio Artístico de Vanguardia en la zona sublevada.

17 de enero. Se crea un archivo fotográfico de las obras de arte recogidas por la Junta Delegada de Defensa de Madrid.

Con la edición de la revista *Hora de España,* Valencia, 1937-Barcelona, 1938, que dirige Antonio Machado se publica una polémica sobre el cartel de guerra entre los artistas Ramón Gaya y José Renau.

En febrero se inician las obras de acondicionamiento del Colegio del Patriarca y las Torres de Serranos de Valencia para ubicar las obras del Museo del Prado de Madrid.

16 de febrero. Se crea el Consejo Central de Archivos, Bibliotecas y Tesoro Artístico en Valencia.

17 de febrero. Sale una nueva expedición de obras del Museo del Prado hacia Valencia.

«Prevenció de tota mena d'accidents del treball», exposición en el vestíbulo de la Estación de Trenes de Sarriá en Barcelona. Fue organizada por la Generalitat de Catalunya. La inauguró Lluís Companys, presidente de la Generalitat de Catalunya.

En el mes de febrero tienen lugar varias conferencias en la Universidad de Valencia: «El arte como herramienta de lucha» de D. A. Siqueiros; «Lo que Solana y Souto pueden ser» de Ramón Gaya y «El poeta como juglar de guerra» de Juan Gil-Albert.

25 de marzo. Se traslada el Tesoro del Delfín del Museo del Prado a Valencia.

En el mes de marzo se presenta una exposición de «Arte Revolucionario Español» en Moscú. La muestra incluía carteles de la guerra civil española.

En esas fechas se presenta una «Exposició d'Art Català» organizada por el Comisariat de Propaganda de la Generalitat de Catalunya en el Musée Jeu de Paume de París. Inauguró la muestra Josep-Maria Sbert, consejero de cultura de la Generalitat de Catalunya.

5 de abril. Se crea la Junta Central del Tesoro Artístico.

7 de abril. Sale una nueva expedición de obras del Museo del Prado a Valencia.

26 de abril. La escuadrilla alemana de la Legión Cóndor bombardea la villa histórica de Guernica en el País Vasco.

Se publica *Guernica,* 1937 con fotografías sobre la destrucción de la ciudad vasca.

10 de abril. Tiene lugar en Barcelona una «Exposición de Obras de Arte» salvadas por la CNT-AIT y organizada por la sección de Bellas Artes de dichas organizaciones. La muestra incluía pinturas, esculturas, tapices, etc. de diferentes escuelas y épocas. Inauguraron la exposición diversos representantes de la Generalitat de Catalunya.

«Exposició de Ninots Fallers» organizada por la Al·liança d'Intel·lectuals per a Defensa de la Cultura, en la Lonja de Valencia. Con ese motivo la revista *Nueva Cultura* publica el folleto fallero *Els enemics del poble a l'infern.*

En el mes de mayo tienen lugar en la Universidad de Valencia varias conferencias sobre artes y letras: «El pueblo en la obra de Goya» de Juan de la Encina; «La literatura mexicana y la revolución de 1910» de Berta Gamboa; «Misión social del cartel publicitario» de José Renau; «El mundo de los pintores» de León Felipe; «El apetito de la pintura» de Ramón Gaya; «La hora de la verdad y la pintura del trabajo» de Lorenzo Varela, etc.

15 de mayo. Se forma un nuevo gobierno de la República española presidido por Juan Negrín.

24 de mayo. Se inaugura el Pabellón de la República española de la Exposition Internationale des Arts et Techniques dans la Vie Moderne de París. El comisario de la exposición española fue José Gaos. El edificio lo construyeron los arquitectos Luis Lacasa y Josep-Lluís Sert. Se exhibieron, entre otras obras: el *Guernica* de Picasso; *El Pueblo español tiene un camino que le conduce a una estrella* de Alberto Sánchez; *El pagès català i la revolució* de Joan Miró; la *Montserrat* de Julio González y la *Fuente de Almacén* de Alexander Calder.

«Exposicion de Carteles y Folletos» de la guerra civil española en Sète (Francia) organizada por el Ministerio de Propaganda del gobierno de la República española.

22 de junio. Sale *La adoración de los Magos* de Maine del Museo del Prado hacia Valencia.

En el mes de junio el Comisariat de Propaganda de la Generalitat de Catalunya organiza una «Exposició d'Art Català» para exhibirla en México. La muestra es requisada por los sublevados a su paso por Gibraltar. En la capital mexicana se organiza un acto de protesta con intelectuales catalanes y latinoamericanos.

En el mes de junio tiene lugar una «Exposición de Arte Español» en el Centro Sarga Oche Forn de Estocolmo con obras, entre otros, de Marie Blanchard, Juan Gris y Pablo Picasso.

4 de julio. Se inicia en Valencia el II Congreso Internacional de Escritores en Defensa de la Cultura organizado por la Alianza de Intelectuales en Defensa de la Cultura. Las sesiones se celebrarían en Madrid, Barcelona y Valencia.

15 de julio. Se inaugura en el edificio del Ferrocarril de Sarriá de Barcelona la «Exposició de Primavera». Asiste Carles Pi i Sunyer, *consejero* de cultura de la Generalitat de Catalunya.

23 de julio. Sale *La familia de Carlos IV* de Goya del Museo del Prado hacia Valencia.

12 de agosto. Llegan a España los británicos Frederic Kenyon, director del British Museum y James G. Mann, conservador de la Wallace Collection, para ver las obras de protección del patrimonio artístico realizadas por el gobierno de la República española.

«Homenaje a las Milicias», exposición en la Plaza Mayor de Madrid organizada por la Cámara Oficial del Libro.

31 de octubre. Se traslada el gobierno de la República española a Barcelona.

23 y 24 de noviembre. José Renau, director general de Bellas Artes, expone ante el Office International des Musées de París el informe *L'organisation de la défense du patrimoine artistique espagnol pendant la guerre civile.*

Durante los meses de febrero y marzo tiene lugar la exposición «7 Meses de Guerra» organizada por la Generalitat de Catalunya y presentada en el Casal de la Cultura de Barcelona. Incluía dibujos, carteles, fotografías, etc.

23 de noviembre-7 de diciembre. Se expone en la Sala Busquet de Barcelona una «Exposició del Fred» organizada por la revista *L'Esquella de la Torratxa* con obras de diversos dibujantes de la publicación que incluía dibujos de Alloza, Bofarull, Friedfeld, Graus, Guasp, Goñi, Kalders, Martí Bas, Nyerra, Subi, Tisner, Tona, etc.

«Exposición Homenaje a Durruti» en Valencia con obras de obreros.

Luis Quintanilla: «Exposición de dibujos» Hotel Ritz, Barcelona.

«Madrid. Un año de resistencia heroica», muestra presentada por la Subsecretaría de Propaganda del Ministerio de Estado en Barcelona. La exposición fue presidida por Lluís Companys.

Antonio Rodríguez Luna: *Dieciséis dibujos de guerra,* Valencia, 1937, Ediciones de Nueva Cultura.

Le Musée du Prado, Madrid, Barcelona, *ca.* 1937, Service d'Information de l'Office National Espagnol du Tourisme.

Nueve obras de arte salvadas, Barcelona, s.f., Servicio de Información del Patronato Nacional de Turismo. Reproduce, entre otras obras, *Las hilanderas* de Velázquez.

¡Palabras no! Hechos, Madrid, s.f., Junta Delegada de Defensa de Madrid. Fotos de los efectos de los bombardeos sobre el patrimonio artístico en la capital española.

El Palacio del Duque de Alba, Barcelona, s.f., Patronato Nacional del Turismo. Fotografías del bombardeo del Palacio de Liria de Madrid. Se hicieron ediciones en español, francés e inglés.

El Palacio Nacional, Barcelona, s.f., Servicio de Información del Patronato Nacional del Turismo. Fotografías del bombardeo de este edificio.

Le palais de l'Infantado, Guadalajara, Barcelona, s.f., Service d'Information de l'Office National Espagnol de Tourisme.

Arturo Souto: *Dibujos de la guerra,* Madrid, 1937, cva., Ediciones Españolas.

Veintiséis proverbios castellanos en acción, Barcelona, 1937, Dibujos de Luis V. Molné.

Espagne, 1930-1937. No pasarán, Barcelona, 1937, editado por Organisateurs de l'Exposition Antifasciste.

Gumsay: *Estampas de la España que sufre y lucha,* Barcelona, s.f., Comité Regional de Juventudes Libertarias de Cataluña.

Infants, Barcelona, s.f., Edicions del Comisariat de Propaganda de la Generalitat de Catalunya. Carpeta con 12 grabados sobre la guerra y los niños.

Madrid, Barcelona, 1937, Industrias Gráficas Seix Barral. Colección de fotografías sobre el asedio a la capital española.

Madrid, Barcelona, 1937, Ministerio de Instrucción Pública. Carpeta con 11 láminas sobre la capital española.

Martínez de León: *Doce dibujos,* s.f., Ediciones Solidaridad. Carpeta con 9 láminas sobre propaganda de guerra.

Juan Muro: *Arte necesario y arte innecesario,* Valencia, 1937. Comité Regional de Levante.

Higinio Noja Ruiz: *El arte en la revolución,* Barcelona, *ca.* 1937, Oficinas de Propaganda de la Confederación Nacional de Trabajadores y la Federación Anarquista Ibérica.

Protección del tesoro bibliográfico nacional. Réplica a Miguel Artigas, Valencia, 1937, Junta Central del Tesoro Artístico.

Propaganda en los frentes. Carteles y rótulos, Valencia, s.f., Subcomisariado de Propaganda del Comisariado de Guerra.

José Bardasano, Aníbal Tejada y otros: *Treinta caricaturas de la guerra,* Valencia, s.f., Ministerio de Propaganda de la República Española.

1938

Propagande Culturelle, Valencia, 1938, Junta Central del Tesoro Artístico.

Protección del Tesoro Artístico Nacional. La Colección Nacional de Tapices, Valencia, s.f., Junta Central del Tesoro Artístico.

Evacuación del Tesoro Artístico Nacional de Teruel, Barcelona, 1938. Protección del Tesoro Artístico Nacional.

La Colección Larrea, Valencia, 1938, Dirección General de Bellas Artes. Protección del Tesoro Artístico Nacional.

Alfonso Rodríguez Castelao: *Milicianos,* Nueva York, 1938.

La Colección Nacional de Tapices, Valencia, *ca.* 1937, Junta Central del Tesoro Artístico-Protección del Tesoro Artístico Nacional.

Defensa del Tesoro Artístico, Madrid, 1938, Ministerio de Instrucción Pública y Bellas Artes.

Arte destruido, mutilado, perdido, en venta en el extranjero, recuperado, etc. Informes de las Comisarías y Agentes de Servicio de Vanguardia de Recuperación Artística, San Sebastián, 1938, Ministerio de Educación Nacional.

Guernica. The official report of the Commission appointed by the Spanish National Government to investigate the causes of the destruction of Guernica on april 26-28 1937. Con introducción de Arnold Wilson, Londres, 1938.

Hannen Swaffer: *A british art-critic in republican Spain,* Barcelona, 1938, Spanish State Tourist Department.

Roberto Fernández Balbuena es nombrado subdirector del Museo del Prado.

Pedro Sainz Rodríguez es nombrado ministro de Educación Nacional y Eugenio d'Ors, director general de Bellas Artes de la zona sublevada.

5 de febrero. Sale una nueva expedición de obras del Museo del Prado hacia Valencia.

16 de febrero. Se presenta la «Exposición de la 31 División del Ejército Regular» en el vestíbulo de los Ferrocarriles de Catalunya de Barcelona.

En el mes de marzo se traslada el Tesoro Artístico Nacional depositado en Valencia a Barcelona.

8 de abril. Se reorganiza el gobierno de la República española presidido por Juan Negrín. Segundo Blanco es nombrado ministro de Instrucción Pública.

El Ministerio de Hacienda se hace cargo del patrimonio histórico-artístico de la zona republicana española.

22 de abril. Se crea el Servicio de Defensa del Patrimonio Artístico Nacional que dirige el general Pedro Muguruza, en la zona sublevada.

30 de abril. Se publica el último programa de gobierno de Juan Negrín conocido como *Los Trece Puntos de la Victoria.* El artista José Renau realiza una serie de fotomontajes basados en ese programa y conocidos como *Los Trece Puntos de Negrín,* 1938.

22 de junio. Se presenta la «Exposición de los Trece Puntos de Negrín» en la sala La Pinacoteca organizada por el Comisariat de Propaganda de la Generalitat de Catalunya.

22 de julio. Se inaugura en la sala La Pinacoteca la «Exposición de los Trece Puntos de Negrín».

En el mes de julio finalizan, a cargo del arquitecto Fernando Gallego, los trabajos de protección del Museo del Prado.

1 de octubre. Se inaugura el «Saló de la Tardor» en el Casal de la Cultura de la capital catalana, organizado por el gobierno de la Generalitat de Catalunya, el Ayuntamiento de Barcelona y la Junta de Exposiciones de Arte de Cataluña.

7 de noviembre. Visita de Michael W. Stewart, conservador del Victoria and Albert Museum de Londres a la zona sublevada.

8 de diciembre. Sale la primera expedición de cuadros del Museo del Prado hacia Cartagena (Murcia).

1939

2 de enero. Sale la última expedición de obras del Museo del Prado hacia Cartagena (Murcia).

22 de enero. Se traslada el gobierno de la República española desde Barcelona hacia diversas poblaciones catalanas próximas a la frontera francesa.

23 de enero. El general Miaja es nombrado jefe militar y civil del gobierno de la República española.

26 de enero. Entran las fuerzas militares sublevadas en Barcelona.

28 de enero. Se abre la frontera francesa al éxodo republicano español.

29 de enero. Se constituye el Comité International pour la Sauvegarde des Trésors d'Art Espagnols que preside David Weill, presidente del Conseil des Musées Nationaux.

30 de enero. El gobierno de la República española pide al gobierno de la República francesa permiso para la evacuación del patrimonio artístico español.

1 de febrero. Tiene lugar en Figueras la última reunión del gobierno de la República española.

3 de febrero se firma el «Acuerdo de Figueras» por el que se traslada el Tesoro Artístico Nacional de España a Ginebra para ser custodiado por la Sociedad de Naciones hasta la finalización de la guerra civil. El 4 de febrero se inicia el traslado de ese patrimonio por los pasos fronterizos de Le Perthus, Cerbère y Les Illes.

En los inicios de febrero las aviaciones italiana y alemana bombardean el castillo de Figueras.

12 de febrero. Sale de Perpiñán el tren que traslada el Tesoro Artístico Nacional hacia Ginebra.

14 de febrero. Llega a la sede de la Sociedad de Naciones de Ginebra el legado artístico español.

El gobierno de Suiza reconoce a la Junta de Burgos.

17 de febrero. Llega Eugenio d'Ors a Ginebra.

19 de febrero. Llega Josep-Maria Sert, delegado del Ministerio de Asuntos Exteriores de la Junta de Burgos a Ginebra.

27 de febrero. Manuel Azaña, presidente de la República española, dimite desde su residencia en París.

Los gobiernos de Francia y Gran Bretaña reconocen el gobierno de Francisco Franco en España.

1 de marzo. Se inicia el «*Inventaire des oeuvres d'art espagnoles transportées au Palais de la Societé des Nations*» de Ginebra.

30 de marzo. El secretario general de la Sociedad de Naciones hace entrega al marqués de Aycinena, representante de la Junta de Burgos en Berna, del Tesoro Artístico Nacional depositado en Ginebra.

31 de marzo. Fernando Álvarez Sotomayor, nuevo conservador del Museo del Prado, es nombrado delegado del Ministerio de Asuntos Exteriores de la Junta de Burgos para hacerse cargo del legado artístico español depositado en Ginebra.

1 de abril. Finaliza la guerra civil española.

10 de mayo. Retorna a España desde Ginebra la primera expedición del Tesoro Artístico Nacional.

30 de mayo. Regresan a Madrid las obras del Museo del Prado depositadas en Cartagena (Murcia).

1 de junio. Se inaugura la exposición «Chefs-D'Oeuvre du Musée du Prado» en el Musée d'Art et d'Histoire de Ginebra.

14 de junio. Retorna a España la segunda expedición del Tesoro Artístico Nacional.

7 de julio. Reapertura al público del Museo del Prado.

31 de agosto. Se clausura la exposición «Chefs-d'Oeuvres du Musée du Prado» y el 9 de septiembre llega dicha muestra a Madrid. La exposición fue visitada en Ginebra por más de 400.000 personas.

BIBLIOGRAFÍA

Textos generales/Selección

Álvarez Lopera, José: *La política de bienes culturales del Gobierno Republicano durante la Guerra Civil Española*, Madrid, 1982, vol. I: 171 págs.; vol. II: 243 págs., ils.

Bonet, Juan Manuel: *Diccionario de las vanguardias en España, 1907-1936*, Alianza Editorial, Madrid, 1995, 654 págs., ils.

Bozal, Valeriano: *El realismo entre el desarrollo y el subdesarrollo*, Ciencia Nueva, Madrid, 1966.

Brihuega, Jaime: *Las vanguardias artísticas en España, 1909-1936*, Istmo, Madrid, 1981.

Carulla, Jordi y Carulla, Arnau: *La guerra civil en 2.000 carteles. República, guerra civil, posguerra,* Postermil, Barcelona, 1996.

Castro, Xosé Antón: *Arte e nacionalismo: la vanguardia historica gallega, 1925-1936*, Castro, A Coruña, 1992.

Gamonal Torres, Miguel Ángel: *Arte y política en la guerra civil española. El caso republicano*, Diputación Provincial de Granada, Granada, 1987, 406 págs., ils.

Grimau, Carmen: *El cartel republicano en la guerra civil,* Cátedra, Madrid, 1979.

Huertas Vázquez, Eduardo: *La política cultural de la Segunda República española,* Centro Nacional de Información y Documentación del Patrimonio Histórico, Madrid, 1988, 189 págs.

Jiménez-Blanco, María Dolores: *Arte y Estado en la España del siglo XX*, Alianza Editorial, Madrid, 1989.

Madrigal Pascual, Arturo Ángel: *Arte y compromiso. España, 1917-1936*, Fundación Anselmo Lorenzo, Madrid, 2002, 428 págs., ils.

Martín, Francisco de Luis: *Cincuenta Años de Cultura Obrera en España, 1890-1940,* Fundación Pablo Iglesias, Madrid, 1994.

Pérez Contel, Rafael: *Artistas en Valencia*, Generalitat Valenciana, Valencia, 1986, 2 vols., ils.

Renau, Josep: *Función social del cartel,* Fernando Torres ed., Valencia, 1977, 100 págs., ils. (Prólogo: Vicente Aguilera Cerni.)

—: *Arte en peligro: 1936-1939*, Fernando Torres ed., Ayuntamiento de Valencia, Valencia, 1980.

Tomás, Facundo: *Los carteles valencianos en la Guerra Civil Española*, Ayuntamiento de Valencia, Valencia, 1986, 157 págs., ils.

Varios Autores: *Carteles de la República y de la Guerra Civil*, Centre d'Estudis d'Història Contemporània-Editorial La Gaya Ciencia, Barcelona, 1978. 379 págs., ils. (Textos: Carles Fontseré, Jaime Miratvilles y Josep Termes.)

—: *España. Vanguardia artística y realidad social: 1976*-1976, Gustavo Gili, Colección Comunicación Social, Barcelona, 1976, 216 págs., ils. (Imma Julián: «El cartelismo y la gráfica en la guerra civil», págs.: 45-63.)

—: *L'altra Grafica. Almanacco Bompiani,* 1973, Milán, 1972, Casa Editrice Valentino Bompiani, 207 págs., ils. (Edición al cuidado de Rita Cirio y Pietro Favari.)

—: *La guerra civil española,* Generalitat Valenciana, Valencia, 1984, 107 págs., ils. (Textos: C. Císcar, E. Atard, R. Bellveser, A. Bosch, J.L. Constante, J. Gil Albert, F. Moreno, R. Pérez Contel y F. Quilis.)

Monografías y catálogos de artistas/Selección

Cañameras, Jaime: *Conversa amb Bartolí (Pròleg d'Anna Murià)*, Publicacions de l'Abadia de Montserrat, 1990, 178 págs., ils.

Fontseré, Carles: *Memòries d'un cartel·lista català, 1931-1939*, Pòrtic, Barcelona, 1995.

Forment, Albert: *Renau. Història d'un fotomuntador*, Afers, Catarroja-Barcelona, 1997, 380 págs.

García, Manuel: *Arturo Ballester. 1890-1981*, Fundació Caixa de Pensions, Valencia, 1986.

—: *Homenaje a Manuela Ballester*, Instituto Valenciano de la Mujer, Valencia, 1996, 148 págs., ils.

García Guatas, Manuel: *Ramón Acín, 1888-1936*, Diputación de Huesca y Zaragoza, Zaragoza, 1988.

García Viñó, Manuel: *Francisco Mateos*, Ministerio de Educación y Ciencia, Madrid, 1971.

Larrea, Juan: *Guernica. Pablo Picasso, Cuadernos para el Diálogo*, Madrid, 1977, 185 págs., ils.

Ledo, Xohán: «Maside dibujante», *Maside, un pintor para unha terra*, Colegio Oficial de Arquitectos de Galicia, Santiago de Compostela, 1979.

Peralta, Rosa: *La escenografía del exilio de Gori Muñoz*, Generalitat Valen-
ciana-Institut Valencià de Cinematografia Ricardo Muñoz Suay, Valencia, 2002, 222 págs., ils.

Pérez-Lizano, Manuel: *González Bernal*, Caja de Ahorros de Zaragoza, Aragón y Rioja, Zaragoza, 1983.

Ramírez, Juan Antonio: *Guernica*, Electa, Madrid, 1999.

Renau, Josep: *La batalla per una nova cultura*, Eliseu Climent ed., Valencia, 1978. (Introducción y apéndice de Manuel García.)

Sánchez, Alberto: *Palabras de un escultor*, Fernando Torres ed., Valencia, 1975.

Seoane, Luis: *Arturo Souto e os dibuixos de guerra,* Castro, A Coruña, 1977.

Tjaden, Ursula: *Helios Gómez. Artista de corbata roja*, Tafalla, 1996, 237 págs., ils.

Torres Planeéis, Sonya: *Ramón Acín, 1888-1936. Una estética anarquista y de vanguardia,* Virus, Barcelona, 1998, 272 págs., ils.

Varios Autores: *Antonio Ballester. Esculturas y dibujos*, Instituto Valenciano de Arte Moderno, Valencia, 2000, 200 págs., ils. (Textos: Juan Manuel Bonet, Honorio Rancaño, Juan José Estellés, Juan Ángel Blasco Carrascosa, Josefina Alix y Jorge Ballester.)

—: *Bardasano (1910-1979)*, Centro Cultural del Conde Duque, Madrid, 1988, 252 págs., ils. (Textos: Juan Barranco, Enrique Moral, Luis Caruncho, Mario Antolín Paz, Joaquín de la Puente, Antonio Orbegozo y Carolina Peña Bardasano.)

—: *Castelao, 1886-1950*, Ministerio de Cultura, Madrid, 1986.

—: *Eduardo Vicente*, Museo Municipal de Madrid, Madrid, 1999.

—: *Foto Hermanos Mayo*, Instituto Valenciano de Arte Moderno, Valencia, 1992, 258 págs., ils. (Textos: Carmen Alborch, Leonor Ortiz Monasterio, Julio Souza, Carlos Monsivais, John Mraz, Manuel García y Alejandro Castellanos.)

—: *Gabriel García Maroto y la renovación del arte español contemporáneo*, Junta de Comunidades de Castilla la Mancha, Toledo, 1999, 204 págs., ils. (Textos: Angelina Serrano de la Cruz Peinado, Jaime Brihuega, Christopher Maurer, Yolanda Word, Isabel García Lorca y Gabriel García Maroto.)

—: *Kati Horna. Fotografías de la Guerra Civil Española, 1937-193*8, Ministerio de Cultura, Madrid, 1992.

—: *Mauricio Amster*, Instituto Valenciano de Arte Moderno, Valencia, 1997, 211 págs., ils. (Textos: Juan-Manuel Bonet, Carlos Pérez, Patricia Molins y Andrés Trapiello.)

—: *Miguel Prieto. Diseño Gráfico*, México, D.F., 2000, 109 págs., ils. (Textos: Fernando Benítez, Martí Soler, Luis Francisco Gallardo, Federico Álvarez y Vicente Rojo.)

—: *Ramón Gaya. El pintor en las ciudades*, Instituto Valenciano de Arte Moderno, Valencia, 2000, 320 págs., ils. (Textos: Andrés Trapiello, Tomás Segovia, Juan Manuel Bonet y César Moreno.)

—: *Renau. Pintura, cartel, fotomontaje, mural*, Ministerio de Cultura, Madrid, 1978, 88 págs., ils. (Textos: Valeriano Bozal, Manuel García, Tomás Llorens y Josep Renau.)

CATÁLOGOS DE EXPOSICIONES/SELECCIÓN

Alix, Josefina: *El Pabellón Español en la Exposición Internacional de París, 1937,* Ministerio de Cultura, Madrid, 1987, 286 págs., ils.

Lefebvre, Michel y Skoutelsky, Remi: *Las Brigadas Internacionales. Imágenes recuperadas,* Lunwerg Editores, Madrid, 2003. Círculo de Bellas Artes, Madrid, 2003, 189 págs., ils.

Varios Autores: *Antológica Arturo Souto,* Diputación de Pontevedra, Pontevedra, 1984.

—: *Art i Propaganda. Cartells de la Universitat de València,* Universitat València-Vicerectorat de Cultura, Valencia, 2001, 174 págs., ils. (Textos: Juli Peretó i Magraner, Javier Pérez Rojas, José Luis Alcalde y Margarita Escriche.)

—: *Arte protegido. Memoria de la Junta del Tesoro Artístico durante la guerra civil,* Instituto del Patrimonio Histórico Español-Museo Nacional del Prado, Madrid, 2003, 406 págs., ils. (Edición al cuidado de Isabel Argerich y Judith Ara). (Textos: Javier Tusell Gómez, José Álvarez Lopera, Arturo Colorado Castellary, Alicia Alted Vigil, Isabel Argerich Fernández, Judith Ara Lázaro, Rafael Alonso Alonso, Ángel Macarrón Serrano, Ana María Macarrón Miguel, Mauricio Macarrón Larrumbe, Rocío Bruquetas Galán y Socorro Proas Zaragoza, Aurora Rabanal, María Dolores Vázquez y Lucía Villarreal.)

—: *Carteles de la República y la guerra civil española en la Biblioteca Nacional,* Ministerio de Cultura, Madrid, 1996.

—: *El surrealismo y la guerra civil española,* Diputación Provincial de Teruel-Museo de Teruel, Teruel, 1998, 145 págs., ils. (Textos: Emmanuel Guigon, Jean Michel Goutier, Georges Sebbag, Michel Remy, Toni del Renzio y Nilo Palenzuela.)

—: *Imágenes en guerra. Memoria estampada en la España de los treinta,* Col·legi Major Rector Peset, Valencia, 1998, 126 págs., ils. (Textos: Nicolás Sánchez Durá, Carlos Pérez, Isabel Burdiel y Francisco-Javier Navarro.)

—: *La Guerre Civile Espagnole. Des Photographies Pour l'Histoire, Hotel de Sully,* París, 2001-Museu Nacional d'Art de Catalunya, Barcelona, 2002, Arxiu Nacional de Catalunya, 187 págs., ils. (Textos: Joan Guitart, David Balcells, Jordi Berrio y Josep Rigol.)

—: *La guerra civil española,* Ministerio de Cultura, Madrid, 1980, 131 págs., ils. (Textos de Javier Tusell, Manuel García, Basilio Martín Patino, Carles Fontseré, Rafael S. Lobato y Koncha de Juan, Vicente Palacio Atsard, F. Xavier Calicó, Luis Alemany, Ramón Salas Larrazábal, José María Bueno y Pedro González.)

—: *Las mujeres en la guerra civil,* Ministerio de Cultura, Salamanca, 1989, 133 págs., ils. (Textos: Antonio González Quintana y Mary Nash.)

—: *Madrid en guerra, 1936-1939,* Ayuntamiento de Madrid, Madrid, 1986.

—: *Propaganda en guerra,* Consorcio Salamanca, Salamanca, 2002, 169 págs., ils. (Textos de Alejandro Pizarroso Quintero, José A. Pérez Bowie, Miria Núñez Díaz-Balart, Miguel-Ángel Gamonal Torres, Carmelo Garitaonandía, Román Gubern, Antonio Pantoja Chaves y Ramón Esparza.)

—: *Spagna, 1936-1939. Fotografia e I formazione di Guerra,* Marsilio, Venecia, 1976, 123 págs., ils.